Infant & Baby Care FOR THE FUTURE

保育の未来をひらく
乳児保育

細井 香 編著
Kaori Hosoi

Infant & Baby Care FOR THE FUTURE

北樹出版

はじめに

　保育所保育指針は10年ごとに改定されており、新「保育所保育指針」として2017年3月31日に改定、2018年4月から施行されました。今回の改定では、保育所が幼児教育の施設として積極的に位置づけられたことと、時代背景による子育て支援のさらなる充実、そして特に「乳児・3歳未満児の保育のねらいと内容」がより充実したことが大きなポイントとなりました。その背景には、日本では待機児童が10年前に比べて、ますます増加し、なかでも0～2歳児の保育の需要が高まったことで、認可・認可外を問わずに保育の質の保証が求められるようになってきたからです。

　0～2歳未満の子どもたちへの保育・教育がここまで注目されるようになったのは、近年のことです。昔は「青空保育」のように、焼け野原の中でとにかく子どもたちを集めて活動していた時代もあって、誰でも保育できるようなイメージをもたれていました。しかし今は、科学技術の進歩により、新生児は自発的に周囲に働きかける存在としてとらえるべきであることがわかってきましたし、これまで未知の部分の多かった乳児の行動に対して、科学的な解明が可能となったことから、赤ちゃん時代の発達の大切さと特異性も明らかにされてきています。

　諸外国では、このような研究成果を生かしながら、エビデンスに基づいた乳児保育の施策が考えられています。質・量ともに大きな成長発達をする時期である乳児期に、対人関係をはじめとする赤ちゃん自身の社会経験の初めての出会いを大切にしながら、乳児保育にかかわる私たち保育者の役割はさらに重要になってきているのではないかと考えています。

　本書は、乳児保育に必要な知識と実践力を習得できるように、新しい保育所保育指針の改定に沿いながら、養成校のカリキュラムや、キャリアアップ研修、そして乳児に携わっている保育現場の先生方が「理論」と「実践」を融合して学べ、すぐに活用できるよう構成されています。

　ですから、対象読者は、保育者の卵たち、さまざまな現場で乳児保育・子育て支援の活動に携わっていらっしゃる方、そして、子育て中の保護者など、子どもの未来をひらくすべての方を対象としています。誰でも、いつでも、どこからでも、必要に応じた章から読み始めていただければと思っています。

　そして本書の特徴として、なるべくすぐに実践につなげられること、またはすぐに実践してみたくなるようにとの「ねらい（願い）」が込められています。保育の未来をひらく子育て・家庭支援論』に続き、『保育の未来をひらく乳児保育』も、子どもと保護者、そして保育者の未来を明るく照らすシリーズとして、子どもが喜びや生きがい、幸せを感じ

られる書になることを願っています。

　最後に、貴重な原稿を寄せてくださいました執筆者の先生方、根気強くそして最後まで親身に丁寧に編集してくださいました北樹出版の木村慎也さん、本書の編集に携わってくださったすべての方に心より感謝申し上げます。

2019 年 4 月　細井 香

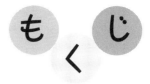

第1部　乳児保育の基本《乳児保育Ⅰ》

第1章　乳児保育の意義・目的と役割　10

1　乳児保育の意義・目的（乳児保育とは）　10
1．乳児保育の意義（現代社会において乳児保育に期待されること）　10
2．乳児の規定と教科目「乳児保育」　11
3．乳児保育の目的　11

2　乳児保育の歴史的変遷　12
1．保育施設の誕生──民間の慈善事業として　12
2．児童福祉法の成立　13
3．保育所の動向　13
4．国の乳児保育抑制政策　15
5．乳児保育が一般化するまでの道のり　16

3　乳児保育の役割と機能　16
1．少子化社会の定着　16
2．少子化社会における乳児保育の役割と機能　18
　（1）理解者として　（2）専門家として

4　乳児保育における養護及び教育　19
1．養護について　19
2．養護と教育を一体的に行うとは　21

第2章　乳児保育の現状と課題　23

1　乳児保育及び子育て家庭に対する支援をめぐる社会的状況と課題　23
1．子育て支援について　23
2．子育て支援政策（制度・法律）　24
3．少子化対策施策のこれまでの取り組み　25
4．少子化対策の現状について　25
　（1）育児休業の延長　（2）待機児童の解消に向けて　（3）地域型保育事業

（4）仕事・子育て両立支援　（5）職場における子育て支援　（6）地域における子育て支援──子育て援助活動支援事業（ファミリー・サポート・センター事業）について　（7）乳児を育てるための支援をめぐる課題

2　保育所における乳児保育　29
　1．法的位置づけ　29
　2．乳児保育室の設置基準　31
　3．今後の課題　31
　4．認定こども園とは　32
　5．乳児院の保育　34
　　（1）乳児院について　（2）1日の流れ
　6．地域型保育事業における乳児保育　36
　　（1）家庭的保育事業　（2）小規模保育事業

第3章　3歳未満児の発育・発達をふまえた保育　38

1　3歳未満児の定義　38
2　保育の中の教育とは　39
　1．生活と遊び　40
　2．主体性をどうとらえるか　41
　3．3歳未満児の生活と環境　42
　4．保育所保育指針からみる保育環境　43
　5．乳児期の発達の特徴　43
　6．見えるから見るへ　45
　7．自己認識　47
3　0歳児の保育内容　49
　1．0歳児保育の5領域　49
　2．「身近な人」「身近なもの」　50
　3．アタッチメント　51
　4．身近な人と気持ちが通じ合う　52
　5．2項関係から3項関係へ　53
　6．先を推測する　53
　7．0歳児保育の実践例　55
　　（1）身近な人との関係　（2）授乳の場面　（3）食事（離乳食）の場面　（4）遊びの場面〜応答的な反応〜
　　（5）遊ぶ〜事象の中で〜
4　1歳児から3歳児の保育　59
　1．1歳児から3歳児の発達の特徴〜超日リズムから概日リズムへ〜　59

2. 鏡に映る自分がわかるようになる〜鏡像認識〜 61

3. Like me と Different from me 〜私と一緒、私と違う〜 61

4. からだの特徴、こころの特徴 62

5. 1歳児から3歳未満児の保育内容 64

6. 1歳児から3歳未満児の保育実践例 65

（1）散歩に出かける〜事象とのふれあい〜 （2）散歩に出かけて〜5領域との関係〜 （3）可測な事象につきあう （4）生活の中で〜5領域との関係〜

5　3歳以上の保育への移行に向けて　70

6　乳児保育における計画・記録・評価とその意義　72

1. 指導計画作成について 72

2. 記録について 73

3. 評価について 73

4. 保育カンファレンスの必要性 74

第4章　乳児保育における連携・協働　75

1　保育所における連携・協働　75

1. 職員間の連携・協働 75

2. 保護者との連携・協働 76

（1）送迎時の対応 （2）連絡帳の活用 （3）個人面談の活用 （4）クラスだよりの活用 （5）写真掲示 （6）保育参加 （7）ネット配信の活用 （8）日誌の活用

2　自治体や地域の関係機関との連携・協働　80

1. 地域の関係機関との連携・協働 80

2. 虐待児への支援 80

第2部　乳児保育の実際《乳児保育Ⅱ》

演習1　乳児保育の基本　84

1　つながっていることが大切な時期（保育士等とのかかわりの重要性）　84

2　一人一人に応じたあたたかい援助　86

3　主体性を大切にする保育（子どもの主体性の尊重と自己の育ち）　87

4　日々の体験から学びの芽が生まれる（子どもの体験と学びの芽生え）　89

1. おおよそ0歳の子どもの姿と育ち 89

2. おおよそ1、2歳の子どもの姿と育ち 90

演習2　乳幼児の生活と援助基本　92

1　乳児の生活と援助（食事・排泄・睡眠）　92

1．食生活と援助の方法　92

（1）授乳　（2）離乳食（手づかみ　スプーン　幼児食　食物アレルギーと除去食）

2．排泄機能と援助の方法　96

（1）排尿のしくみ　（2）排便のしくみ　（3）排泄の自立への援助　（4）おむつの特性　（5）おむつかぶれ　（6）おむつ交換　（7）トイレットトレーニング　（8）トイレでの排泄

3．睡眠のリズムと援助の方法　98

（1）レム睡眠とノンレム睡眠　（2）保育所における午睡

2　乳児の生活と援助（抱っことおんぶ・清潔習慣・衣服の着脱）　101

1．抱っことおんぶ　101

（1）抱っこの種類　（2）おんぶ

2．清潔習慣　102

（1）手洗い　（2）顔ふき　（3）鼻をかむ　（4）歯みがき　（5）沐浴

3．衣服の着脱　104

（1）新生児の着替え　（2）着替えとスキンシップ　（3）着替えに参加　（4）「やりたい気持ち」と着替え　（5）着替えの主役は自分　（6）洋服をたたむ　（7）ボタンをかける

演習3　乳児保育における配慮の実際　106

1　生命の保持と情緒の安定に向けた配慮　106

1．生命の保持に向けた配慮とは　106

（1）健康を守るということは　（2）健康観察の方法

2．情緒の安定に向けた配慮とは　110

（1）愛着関係の大切さ　（2）主体的な活動を支えていくこと

2　集団生活に対する配慮　111

3　環境変化に対する配慮　112

1．環境の変化に対する不安　112

2．環境の変化や移行に対する配慮　113

4　乳児保育における計画の実際　115

1．長期的な計画と短期的な計画の関係と実際　115

2．クラスの計画と個別の計画（集団の指導計画と個別的な指導計画）　119

資　料　乳児玩具　130

CHAPTER 1 乳児保育の意義・目的と役割

1 乳児保育の意義・目的（乳児保育とは）

1. 乳児保育の意義（現代社会において乳児保育に期待されること）

　時代の流れの中で社会は少しずつ変化し、その結果、私たちの生活はさまざまな問題に直面している。労働環境や格差の問題、そして日に日に進化する情報システムといった今の社会の状況は、大人の事情だけのように思えるものであるが、家族としてつながる子どもへと必然的に波及することとなる。多様な家族の在り方やそれらをとりまく地域社会の変容が、子どもが育つことに影響を及ぼしているといってよいだろう。このような社会で子育ち・子育てを行う家族にとって、子育てに対する不安や負担感・孤立感が増大し、さらには児童虐待の問題なども大きな影を落としている。また共働き家庭の増加によって3歳未満児の保育所利用が増え続ける中で、一部地域では待機児童の問題が深刻化している。

　2015（平成27）年4月に「子ども・子育て支援新制度」が施行され、「質・量」の両面から子育てを社会全体で支援するという方向性が示された（2016（平成28）年改正）。具体的には、支援の必要なすべての家庭が利用できるよう多様な施設を用意するなどの量の確保と、保育者の

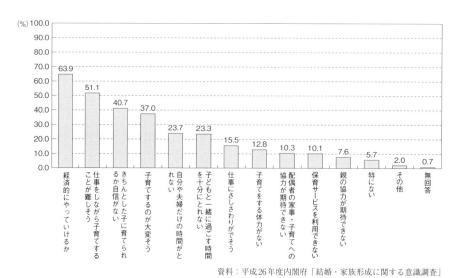

図1-1　子育ての不安要素（出典：内閣府「平成30年版少子化社会対策白書」）

数を増やし（保育士配置基準の改善）、研修制度を導入することにより処遇改善と質の高い保育者を確保する質の向上を目指すものである。

その後行われた保育所保育指針の改定（平成29年3月31日）は、「乳児・3歳未満児保育の記載の充実」「幼児教育の積極的な位置づけ」「健康及び安全の記載の見直し」「『子育て支援』の章を新設」「職員の資質・専門性の向上」を主な方向性として進められた。このように新たな保育所保育指針の重点項目として、乳児や3歳未満児の保育が挙げられたことは、今の子育て状況を反映したものであり、かつ保育所保育における「乳児保育」に大きな期待が寄せられていることに他ならない。指針の構成を見ても、養護に関する記述は「第1章 総則」の中で1つの項目として取り上げられると共に、「第2章 保育の内容」では新たに乳児保育、1歳以上3歳未満児の保育、3歳以上児の保育というように、年齢ごとにねらいと内容を示し、「幼児期に育てたい資質・能力（知識及び技能の基礎・思考力、判断力、表現力等の基礎・学びに向かう力、人間性等）」の育ちのつながりを強調するものとなった。

2．乳児の規定と教科目「乳児保育」

本来「乳児」とは、児童福祉法（第4条）、母子保健法（第6条）において「満一歳に満たない者」とされ、それ以外の「小学校就学の始期に達するまでの者」は幼児とされている。保育所保育指針においても「乳児保育」「1歳以上3歳未満児の保育」「3歳以上児の保育」といったように、これらの法令に示されている年齢に従って保育の基準等が示されている。しかし0歳児から5歳児の保育を行っている現場においては、集団を大きく2つに分けて表現することが多い。その結果、3歳未満児を乳児、3歳以上児を幼児と呼ぶことが通例である。これらのことからも、これまで「乳児保育」という教科目では、「乳児」は3歳以上児として取り扱われており、現在もこれに従って「乳児保育とは、3歳未満児を念頭においた保育を示す」として教授内容が指定されている。教科目「乳児保育」は、1970（昭和45）年から保育士資格を取得するために設置が義務づけられた。しかし、現代の子どもをとりまく状況の変化の中、保育の専門職としてさらに高度で充実した専門的知識と技術を身につけた保育士の養成が必要となったのである。その対策の1つとして、2019年4月以降、従来養成課程において教授されていた教科目「乳児保育（演習2単位）」に対して、「乳児保育Ⅰ（講義2単位）」「乳児保育（演習1単位）」へと変更が加えられ、保育所保育における養護と教育の一体化について一層理解を深め、保育方法、環境構成、配慮事項などを具体的に学ぶ内容となった。

3．乳児保育の目的

これらの経緯から、「乳児保育」の学習においては、保育を担当するための高い専門性を身につけ、子どもの成長を支えると共に、養育者の子育てを下支えすることができる保育者としての学びが必要となる。そのためには、まず3歳未満児の心身の発達について理解することが重要となるだろう。人間の成長の中でも極めて重要な時期といわれるこの時期に、受容的・応答的な細やかなケアを確保していかなければならないからである。またその際、新たに保育所

保育指針に示された乳児保育及び1歳以上3歳未満児の保育に関するねらいを念頭におきながら、さまざまな環境に出会い、かかわり、触れ、感じたりする中で、身体的、社会的、精神的発達の基礎を育みつつ、言葉の発達や自我の芽生えを見守り支えていく必要がある。さらに小規模保育など、0、1、2歳児の保育現場の多様化もふまえ、適切な保育の在り方についても理解を深めなければならない。特に2歳児においては3歳以上児保育への移行も視野に入れた配慮が必要である。そしてもう1つの柱である、子育て支援のための対応も学ばなければならない。この内容については、単に知識を習得することにとどまらず、相手（養育者）と共に子どもの成長を見守り、喜び合う気持ちの在りようが大切である。

Q1：新聞やニュースなどで取りあげられた子育てに関する出来事について話し合ってみよう。そして、その中で保育現場に対するニーズにつながることとしてはどのようなことがあるか考えてみよう。

乳児保育の歴史的変遷

今では、保育所に乳児が在籍しているのは一般的なこととして認識されているが、保育所において乳児保育が行われるまでには、さまざまな問題を解決してこなければならなかった。

1．保育施設の誕生──民間の慈善事業として

保育施設は明治期において慈善事業として誕生した。1883（明治16）年に渡辺嘉重が茨城県猿島郡に子守学校を設立する。ここでは貧困家庭の子どもたちを教育することを目的としていたが、子守をしながら通学してくる子どもが教育を受ける間、背負われてきた子どもたちの保育を行っていた。1890（明治23）年、赤沢鐘美は新潟市で開設した私塾新潟静修学校において託児を行った。また1900（明治33）年には野口幽香、森島峰が東京に二葉幼稚園を開設した。2人は華族幼稚園の保母であったが、放置されていた子どもたちを通勤の途中で見つけ、「貧困家庭の子どもが街で非行少年になっていくのは教育が欠けているから」と考えてこの幼稚園を作ったようである。保育時間が8時間であった点からみると、現在の保育所の機能を持っていたようである。その後名称を二葉保育園として現在に至っている。

幼稚園は、1876（明治9）年に東京女子師範学校附属幼稚園がその始まりとされている。この幼稚園は官立（国立）であった。一方保育所は最初の公立保育所（当時は託児所）が誕生するのは大正期に入ってからであり、その施設数は大正末期で全国196ヵ所である。政府はあくまでも地縁・血縁による相互扶助によって福祉を推進するという方針を堅持していたため、公立保育所を作る必要を感じていなかったようである。

2. 児童福祉法の成立

　1947（昭和22）年に厚生省に児童局が設置され、「児童福祉法」が成立した。1957（昭和31）年には「もはや戦後ではない」といわれるようになった。家庭をとりまく状況をみると、三世代世帯が減少し、かわって核家族が増加してきた。このことから家庭の基盤が弱体化し、児童福祉も家庭を含めた児童家庭福祉という考え方が出てきた。

　1989（平成元）年に国連は「児童の権利に関する条約」（日本ではこれを通称「子どもの権利条約」と呼んでいる）を提出し、1994（平成6）年に日本はこの条約を批准している。この頃から「児童」という言葉に代わって「子ども」という言葉が使われるようになってきた。

　2016（平成28）年に児童福祉法は大幅に改定され、その理念も以下のように変更された。

> **児童福祉の理念**
> 　第1条　全ての児童は、児童の権利に関する条約の精神にのっとって、適切に養育されること、その生活を保障されること、愛され、保護されること、その心身の健やかな成長及び発達並びにその自立が図られることその他の福祉を等しく保障される権利を有する。

　新たに児童の権利に関する条約が基盤となっていること、権利としてそれが保障されるべきであることが従前のものとの違いである。児童福祉法では第39条で保育所の目的を規定しているが、1951（昭和28）年の改定ではそれまで一般児童をその対象としていたのが「保育に欠ける」ということで、対象を限定し、入所にも厳しい審査を課していた。今回の改定によって、この条文が以下のように改定されている。

> **保育所**
> 　第39条　保育所は、保育を必要とする乳児・幼児を日々保護者の下から通わせて保育を行うことを目的とする施設とする（以下、省略）。

　保育所における保育の対象を、勤労等を条件としていたものから、広範囲（リフレッシュのために保育を必要とする場合も含めて）に解釈できるようにしたものである。

3. 保育所の動向

　昭和30年代になると経済成長から日本は工業化が進展し、都市へ人々が集中してくると共に、共働き世帯が増加していき、保育所の設置数は飛躍的に伸びていった。そして、産後の休暇明けと共に職場に復帰しなければならない母親たちからは、当然のことながら0歳児保育の実施が求められていったのである。

　0歳児の集団保育は法的には当初から実施できることになっていたが、当時の社会通念としては幼若な乳児を集団で保育することは躊躇されるものであった。昭和38年には中央児童審議会から、子どもの精神的・身体的発達にとっては両親による愛情に満ちた家庭保育が必要であり、特に2歳から3歳以下の乳幼児は、まず家庭において保育されることが原則でなければならないとされた。

　昭和50年代、全国に無認可保育施設が急増し、劣悪な保育環境で保育を受けていた乳児の死亡が相次いだ。無認可保育施設を利用していた人々の多くは低年齢児の子どもを抱える保護

年度	乳児	1歳児	2歳児	3歳児	4歳児以上
1948～51	10:1			30:1	
1952～61	10:1		(10:1)	30:1	
1962～63	10:1 (9:1)			30:1	
1964	8:1		(9:1)	30:1	
1965	8:1			30:1	
1966	(7:1)			30:1	
1967	6:1			30:1	
1968	6:1			(25:1)	30:1
1969～97	(3:1)	6:1		20:1	30:1
1998～	3:1	6:1		20:1	30:1

※（ ）内は最低基準ではなく運営費（措置費）上の定数。1969～97年の乳児の（3：1）については、乳児指定保育所の場合のみ限定して実現できた配置（厚生労働省の資料をもとに作成）。

図 1-2　保育所保育士配置基準（最低基準）の改善経過
(全国保育団体連絡会／保育研究所『保育白書　2007年版』ひとなる書房、2007)

者であった。ベビーホテル問題が国会で取りあげられ、社会問題となる中で認可保育所における低年齢児の受け入れが不十分なことが問題提起されたのであった。ベビーホテル問題を契機にして厚生省（当時）は、夜間保育所と延長保育の制度を創設すると共に、乳児保育についても新たな特別対策を講ずるに至った。しかし、無認可保育施設の立ち入り調査等を法定化したものの、保育所における低年齢児の受け入れについては決して十分な対策を講じたとはいえなかった。

　昭和50年代後半には保育需要の多様化に対応していく必要性が出てきた。具体的には、乳児保育、延長・夜間保育、障害児保育などの要求がなされた。

　昭和60年代になると子育て家庭のウェルビーイング（人権の尊重・自己実現）が、それまでのウェルフェア（最低生活保障）の理念から転換した。保育所における保育士（保母）の配置については図1-2をみてほしい。時代によって、乳児保育を区分して行っていないことと、保育士1人の受け持つ乳児の数が非常に多いことがわかるであろう。

　元号が平成に変わった1989年の人口動態統計において、合計特殊出生率（1人の女性が一生のうちに産む子どもの数）が過去最低の1.57となり、「1.57ショック」という言葉がマスコミで報道された。そして、1994年の『厚生白書』に「少子化」ということばが登場したのであった。その後、1994（平成6）年にエンゼルプラン、1999（平成11）年に新エンゼルプラン、2004（平成18）年に子ども・子育て応援プラン、2010（平成22）年に子ども・子育てビジョンなど、少子化を食い止める施策を次々と打ち出すが「1.57」どころか、「1.3」を割り込む都市も出ており、なかなか合計特殊出生率は上昇していない。

　2001（平成13）年に中央省庁の再編がなされ、厚生省は労働省と一緒になって厚生労働省となった。これに伴い、児童家庭局も労働省女性局と再編され、雇用均等・児童家庭局となった。それまで無認可保育施設ということばを使用していたが、認可外保育施設として統一された。この年児童福祉法は一部改正され、保育士資格が国家資格化された。また、種々の規制緩和が行われ、保育所にも企業等の参入が可能となり、公立保育所の民間委託なども行われている。児童数の規制緩和で、それまで定められていた定員の1.5～2倍近い児童を保育所に入所させることも可能となっている。しかし、施設・設備の変更がないスペースに児童だけが増加するということによる保育の質の低下が懸念されている。このように保育士の資質向上が望ま

れているが、規制緩和による対応が保育の質の向上につながるものなのかは検討されなければならない課題であろう。

4．国の乳児保育抑制政策

1948（昭和23）に刊行された厚生省児童局監修『児童福祉』（東洋館）の中で保育課長（当時）であった吉見氏は次のように述べている。

> 「学齢前の幼児、すなわち2歳から6歳の幼児を集団的に昼間保育を為すところが保育所である。又やむを得ざる事情によっては2歳未満の乳幼児をも保育を為すものとされている」

つまり、0・1歳児の乳児保育は特別の場合にのみ受け入れるとしている。また、1950（昭和25）年に出された『保育所運営要領』（厚生省児童局編）では「特別な事情がなければ、普通の保育所では満6ヵ月以後の乳児を預かる方が無難」であるとしている。この対照的なとらえ方が社会的に鮮明となった契機は、1963（昭和38）年厚生省中央児童福祉審議会「保育問題をこう考える」に盛り込まれた保育の原則7項目にあったといってよいだろう。「保育はいかにあるべきか」（保育の原則）として7項目を挙げている。

第1原則：両親による愛情に満ちた家庭保育
第2原則：母親の保育責任と父親の協力義務
第3原則：保育方法の選択の自由と、子どもの母親に保育される権利
第4原則：家庭保育を守るための公的援助
第5原則：家庭以外の保育の家庭化
第6原則：年齢に応じた処置
第7原則：集団保育

（中央児童福祉審議会保育制度特別部会、1963年7月31日答申）

これらから読み取れるのは、家庭保育第一主義、母親の育児責任の強調であり、広がり始めた乳児保育と女性の就業を抑制するものであり、働く母親たちの不安を助長した。

この「保育7原則」やボウルビィの母子関係論における「マターナル・デプリベーション（母性剥奪論）」や日本古来からのことわざで「三つ子の魂百まで」など、いわゆる「3歳児神話」が形成され、ホスピタリズムの研究などから、子どもの成長に乳児保育は好ましくないという言説が出され、乳児を持つ母親の多くが就業をあきらめることにもつながった。

政府のこうした言説は、乳児保育は経費がかかるということがその根本にあったため、なかなか乳児保育が拡大していくということにはつながらなかった。しかし、乳児保育特別対策が1969（昭和44）に出されると、それを受ける形で翌年保母養成カリキュラムの改正で「乳児保育」が必修科目となった。

5. 乳児保育が一般化するまでの道のり

　育児は家庭内で行われるものであり、それが社会化されるまでには長い道のりをたどらなければならなかった。1960年代には女性労働者が増加し始め、働いている間の子どもをどうするかという切実な問題に直面する。1970年代には家庭にいる母親よりも働く母親の数の方が多くなり、それに対する保育政策の遅れは保育所数の絶対数の不足という状況を招いた。母親たちは1960年代後半から保育所づくりの運動を展開し、「ポストの数ほど保育所を」というスローガンが出されたが、これに対して、「母親よ、家庭に帰れ」という対立がみられた。せっぱ詰まった母親たちが地域に共同保育所を作り、そこで乳児保育を行った。認可保育所では、産休明けから乳児を預けることはほとんど不可能に近かったからである。共同保育所は産休明けから保育所に入れない乳児を受け入れることで、女性の職場復帰を可能にし、また地域に保育所を求める運動にもつながっていった。

　1997（平成9）年には、児童福祉法が大幅に見直され、ここでそれまで特別対策として実施されてきた乳児保育が、保育所すべてにおいて行われることになった。また1998（平成10）年刊行の『厚生白書』において、「3歳児神話には、合理的な根拠は認められない」とした。心理学における研究が進んでくると、それまでの母親には生まれながらにして備わっている母性があるので育児ができるのだという考え方や、子どもにとって母親だけが重要なのであるという家庭保育第一主義の考え方が見直されてきた。子どもは母親とのみ愛着関係が成立するのではなく、他の養育者（父親や保育者）などとの愛着形成が可能であることが明らかにされた。また、3歳未満児においては他児との情緒的な交渉ができないために集団保育は向かないとされていたものが、乳児同士でも他児への関心が存在することなども明らかにされた。

　以上のように、平成期に入ってから、やっと乳児保育の意義が認められ、広く展開されるようになったのである。乳児保育が普通に行われるようになるまでには、このように母親たちにとって長い道のりがあったのである。

乳児保育の役割と機能

1. 少子化社会の定着

　高齢化社会といわれ、70歳以上の国民の割合が総人口の2割を超え、65歳以上（高齢者）を加えるとさらに44万人増加と、過去最多になったことが発表された（総務省統計局「人口推計」2018年9月）。また長期的な見通しとしては、2060年には人口減少の流れも伴い、高齢者の割合は推計で総人口の4割近い水準になるといわれている。

　2015（平成27）年、内閣府はこの少子高齢化という課題に対して、「一億総活躍社会」の実現というスローガンを掲げ、子育て支援を重点課題の1つとして取りあげた。そして夢を持って子育てが行える社会を創出することにより、少子化に歯止めをかけようとしたのである。その具体的な目標値として出されたのが、「希望出生率1.8」というものである（若い世代における、結婚、子どもの数に関する希望がかなうとした場合に想定される出生率：「平成28年版少子化社会対策白書」

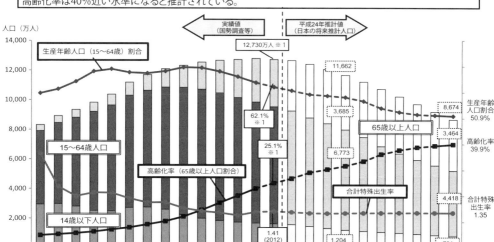

図1-3　日本の人口の推移（厚生労働省、2017）

より）。しかしその後も、合計特殊出生率（1人の女性が一生のうちに産む子どもの数）は、2ポイントを大きく下回る数値で推移している状況が続いている。少子化といわれる傾向については、このように政府のさまざまな取り組みが次々と打ち出されてはいるものの、なかなか活路を見出せない状況にあるというのが現状だろう。厚生労働省の人口動態統計月報年計（概数）の結果（2017（平成29）年）では合計特殊出生率は1.43となっている。

「子どもの数」については、これまでの調査においても、家庭で出産・養育を希望する子どもの数（理想数）と現実には隔たりがあるといわれてきたが、この傾向は現在も変わらない。理想数を満たさない理由としては、「子育てや教育にお金がかかりすぎるから」「高齢で産むのはいやだから」「欲しいけれどもできない」が多く、他にも「これ以上、育児の心理的・肉体的負担に耐えられないから」「健康上の理由」「仕事（勤めや家業）に差し支えるから」といった内容が挙げられている。また晩婚化・晩産化の傾向が高まり、1985年と2015年では、初婚年齢は女性が25.5歳から29.4歳、男性は28.2歳から31.1歳となっており、第1子出産時の母親年齢については26.7歳から30.7歳へと変化している。また出生順位別母親の平均年齢をこの30年間（1985～2015）の変化で見てみると、第1子は4.0歳、第2子は3.5歳、第3子では2.2歳それぞれプラスされた年齢となっており、出産年齢の上昇が顕著であることがわかる（内閣府「平成29年少子化社会対策白書」）。

近年では自治体によっては子育て関連の補助金や医療費免除といったサービスを行い、子育て世帯の居住地として選ばれるような努力も行われており、「子育てしやすいまち、○○」といったキャッチフレーズを見かけることも多い。また少子化の表裏として取りあげられる高齢

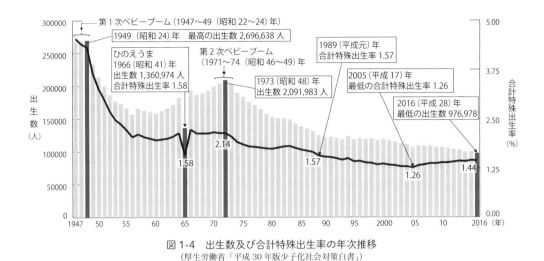
図1-4　出生数及び合計特殊出生率の年次推移
（厚生労働省「平成30年版少子化社会対策白書」）

化ではあるが、こうした人口構成比（高齢者が多い・子どもが少ない）を、子育てのしやすいまちとして活用する取り組みも紹介されている。高齢者施設と保育所などの子どもの施設を一体化し、触れ合いの場を設け、またファミリー・サポートなどの相互扶助に積極的に参加して、若い子育て世帯のニーズの受け皿になっている地域も少なくない。核家族という暮らし方が当たり前になり、また子どもたちが巣立ったあと高齢の親だけが暮らす世帯もある中で、こうした高齢者と子育て世代の融合が、これからの地域社会の在りようを左右するのかもしれない。

2. 少子化社会における乳児保育の役割と機能

このような少子化社会において、乳児保育の保育者はどのような役割と機能を担っているのだろうか。それは「養育者が試行錯誤しながら子育てしていることに対する理解者であること」、そして「安心して子どもを託すことのできる専門家であること」だといえるのではないだろうか。

（1）理解者として

1997（平成9）年以降、共働き世帯数が男性雇用者と無職の妻からなる世帯数を上回り、その差は大きいまま定着している。今や女性が働くこと、働き続けることは特別なことではなくなっている。出産後に就業を継続する割合も、育児休業制度の整備もあり増加している（内閣府男女共同参画局「男女共同参画白書」）。女性が働くことに対しては肯定的な意見が多くを占めるようになってきてはいるものの、未だ「女性は家庭を守るべき」とする性別役割分業意識が存在するのも事実である。このような状況の中で働き続けるには、本人や家族はもとより、周囲の理解やサポートが必要となるが、その際に大きな存在が保育者だろう。また、子育ての仲間や相談相手をつくることすら難しい働く母親にとって、温かく接してくれる保育者は心強い味方となるだろう。

(2) 専門家として

　保育者が保育の専門的知識と技能を持っていることは当然のことではある。しかし特に世代間や地域で子育て文化が伝承されることの難しい今、最も身近な専門家としての役割は大きい。このことは保育所に子どもを通わせている家庭のみならず、地域に居住するすべての子育て世帯に対しても同様だろう。誰にも相談できずに子育てを1人で抱え込んでしまう親の存在は、痛ましい報道などで結果として知ることが多い。またインターネット等で簡単に情報を得ることができる便利な世の中ではあるが、それは同時に玉石混交の情報の中から正しい知識を得ることの難しさも引き受けることになる。乳児保育が「子どもが育つこと・子どもを育てること」への支援だとするならば、高い知識と技能を基盤とし、子どもの最大の利益を保証する保育を行い、同時に養育者に寄り添いながら「共育（ともにそだてる）」の道を歩むことが必要だろう。

> Q2：少子化対策として行われている取り組み（国・各自治体・企業レベル等）にはどのようなものがあるか調べてみよう。

乳児保育における養護及び教育

　ここでは保育所保育指針の記載内容に従い、乳児保育を中心に養護と教育について考えてみたい。

1. 養護について

　保育所保育指針における養護に関する記述は、まず第1章総則「1　保育所保育に関する基本原則」にある。その中の「(1) 保育所の役割」では、「健全な心身の発達を図ること」が最大の目的であることを述べ、その目的達成のために「保育に関する専門性を有する職員が、家庭との緊密な連携の下に、子どもの状況や発達過程を踏まえ、保育所における環境を通して、養護及び教育を一体的に行うこと」が保育所保育の特性であるとして、保育のフレームワークを提示している。

　そして次の「(2) 保育の目標」では、その目的を達成するために、子どものより良い育ちに向けて取り組むべきことと、子どもと保護者の安定した関係性構築への援助に関することの2つの内容が挙げられている。そして前者の「子どもが現在をもっともよく生き、望ましい未来をつくり出す力の基礎を培うため」の目標の1つとして、「十分に養護の行き届いた環境の下に、くつろいだ雰囲気の中で子どものさまざまな欲求を満たし、生命の保持及び情緒の安定を図ること」としている。平成29年に告示された保育所保育指針では、従来の指針（平成20年告示）では記載がなかった「養護の理念」が新たに第1章総則の中で明記されている。

> 2　養護に関する基本的事項
> (1)　養護の理念
> 　　保育における養護とは、子どもの生命の保持及び情緒の安定を図るために保育士等が行う援助や関わりであり、保育所における保育は、養護及び教育を一体的に行うことをその特性とするものである。保育所における保育全体を通じて、養護に関するねらい及び内容を踏まえた保育が展開されなければならない。

　また養護のねらい及び内容に関しては、「(1)　養護の理念」に続き、「生命の保持」と「情緒の安定」の項目で、次のように記している（平成20年版第2章より引用）。

> (2) 養護に関わるねらい及び内容
> 　ア　生命の保持
> 　（ア）ねらい
> 　　①一人一人の子どもが、快適に生活できるようにする。
> 　　②一人一人の子どもが、健康で安全に過ごせるようにする。
> 　　③一人一人の子どもの生理的欲求が、十分に満たされるようにする。
> 　　④一人一人の子どもの健康増進が、積極的に図られるようにする。
> 　　　　　　　　　　　　　　　　　　　　　　　　　　　　　（「ねらい」のみ抜粋）

　まだ、生活の自立がかなわない乳児にとって、適切な時に適切な方法で授乳、食事や水分摂取、着替えや衛生管理などが行われなければ、生命にかかわることとなる。特に個人差が大きい乳児期の子どもにとっては、一人一人に応じた細やかな対応を行う必要がある。さらに、疾病への抵抗力の弱い年齢であることも考慮して、体調の確認に細心の注意を払わなければならない。このように保育にあたる際には、心身の未熟な子どもの命を預かっていることを、常に念頭においておかなければならない。

> イ　情緒の安定
> 　（ア）ねらい
> 　　①一人一人の子どもが、安定感をもって過ごせるようにする。
> 　　②一人一人の子どもが、自分の気持ちを安心して表すことができるようにする。
> 　　③一人一人の子どもが、周囲から主体として受け止められ、主体として育ち、自分を肯定する気持ちが育まれていくようにする。
> 　　④一人一人の子どもがくつろいで共に過ごし、心身の疲れが癒されるようにする。
> 　　　　　　　　　　　　　　　　　　　　　　　　　　　　　（「ねらい」のみ抜粋）

　養護のもう1つの項目として挙げられている「情緒の安定」では、乳児と保育者の関係性にかかわる内容が述べられている。初めて集団での生活を経験する子どもにとって、まず大切なことは保育所が安心・安定して過ごすことのできる生活の場となることである。そのためには興味・関心を満たしてくれる物的環境もさることながら、丸ごと受け止めてくれる保育者の存在が大きい。そのため乳児クラスでは担当制を設け、まずは担当の保育者が気持ちの拠り所となり、自分の思いを表すことができるような環境をつくり出すことに努めている。子どもが担当保育者を見つけ、目を輝かせて抱っこをせがむといった姿は、保育者との間に強い結びつきが生まれていることに他ならない。

乳児に対する養護といった場合、授乳やおむつ替えなどの、いわゆる生理的欲求を満足させる行為と考えることが多い。しかし実際の授乳においては、目の前の子どもに気持ちを寄せ、「お腹すいたね」「おいしいね」といったように、目と目を合わせて語りかけながら行うものであり、単に空腹を満たすだけの一方的な行為ではないことがわかる。

　またおむつ替えの際には、一連の行為を黙々と行うのではなく、「あぁ、気持ち悪いね」「さっぱりして、気持ち良くなったね」などと子どもの気持ち悪さや、気持ち良さに共感しつつ、保育者自身もまさに入り込みながらおむつを交換する。これらのことを通して、子どもは生理的な欲求を満たすだけでなく、心地良い状況に包まれながら情緒を安定させ、養護行為を行っている相手とつながっていくのである。養護の１つ１つの行為だけを取りあげてみると、「（乳児に）やってあげること」ととらえられがちであるが、実はそれだけではなく、その行為を通して子どもの情緒の安定が図られているのである。

2．養護と教育を一体的に行うとは

　養護が保育所保育にとって重要であることは前述した通りであるが、教育に関してはどのように考えればよいのだろうか。

　保育所保育指針の文中には保育においては養護と教育が一体となって展開されることに留意しなければならないと繰り返し述べられている。なぜこれほどまでに、保育において「養護と教育が一体」であることを強調する必要があるのだろうか。それは「養護と教育が一体となって行われることこそが、養育者に代わって幼い子どもと長時間一緒に過ごす保育所保育」の特徴であると同時に、とても大切な部分だからといえるだろう。乳児保育は乳児期で完結するのではなく、その後の幼児期そして小学校入学後の学びへとつながっていく、いわば基礎作りの時期であることを認識しなければならない。

　現行の保育所保育指針、幼稚園教育要領、幼保連携型認定こども園教育・保育要領は、改定・改訂の後、2018年４月から施行されている。今回の改定・改訂の特徴として、どの施設形態においても同じ水準の幼児期の教育を確保することを目指すとして明記されている。その柱として「知識及び技能の基礎」「思考力、判断力、表現力等の基礎」「学びに向かう力、人間性等」を遊びや生活を通して育むことが、「幼児期に育みたい資質・能力」であるとしている。また、その際の具体的な子どもの姿として「幼児期までに育ってほしい姿」を10項目示し、さまざまな経験を通して子どもが育っていく様子を共通してイメージできるようにした。つまり子どもの育つ場に違いがあっても、就学前の子どもの姿として同じ姿を念頭におきながら、年齢や発達に応じたねらいを定め、その達成に向けて必要な経験ができるよう環境を構成し、援助するということである。

　このように将来にわたる学びの基礎といえる幼児期の教育は、乳幼児期を通して生命の保持と情緒の安定を目指した養護的環境の下で、初めて主体性が発揮され資質・能力の育ちにつながるのである。乳幼児期の生活や遊びにおいては、この２つ（養護と教育）が混然一体と

なって行われる性質のものだからこそ、別々にとらえずに一体的に行う必要があるのである。

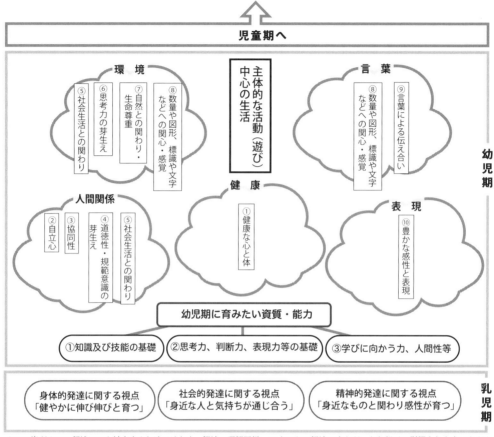

1つの姿が1つの領域にのみ対応するわけではなく、領域の理解同様、いくつかの領域にまたがったり相互に影響を与え合いながら発達を遂げるものである。しかし、ここでは便宜上このような図示となっている。

図 1-5 教育の連続性

(無藤隆監修『幼稚園教育要領ハンドブック 2017 年告示版』学研、2017 より作成)

やってみよう！

> Q3：自分がおむつ替えや授乳を行っている場面を想定し、子どもとどのようなやりとり（言葉がけ、動作など）があるかを具体的に考えてみよう。

22　第 1 章　乳児保育の意義・目的と役割

CHAPTER 2 乳児保育の現状と課題

1 乳児保育及び子育て家庭に対する支援をめぐる社会的状況と課題

　1990（平成2）年に、合計特殊出生率が1.57とかつてない低率となった。その後も少子化に歯止めはかからず、2005（平成17）年には、1.26という過去最低の数値となった。その後少しずつ出生率は増えてはいるものの、2015（平成27）年1.45、2016（平成28）年1.44、2017（平成29）年には1.43とわずかずつだが減少している。

　このため、政府は少子化対策に関する施策を次々と打ち出し、子育てを支援することによって少子化を食い止めようとしてきた。

1．子育て支援について

　「子育て支援」ということばがマスコミなどに取りあげられるようになってしばらく経つ。このことば自体は一般化されているといってもよいだろう。このことばはいつ頃から使われはじめたのだろうか。これは平成になってから、つまり1990年代あたりから、国の政策などで使われはじめて現在に至っている。それまでは「育児支援」というような言葉はあったが、育児というと、家庭内で行われる主に母親が担当するものというイメージが強く、これは育児の担当者は母親という伝統的な育児観の影響を受けていたように思われる。

　しかし、女性の社会進出に伴って、働く母親も増加し、育児は単に母親だけの問題ではなく、父親や地域の問題としてクローズアップされてきた。そこで、育児という母親をイメージさせることばではなく「子育て」という客観的なことばが使用されはじめたのである。「子育て支援」は、少子化社会に対応するために発想されたものである。このような少子化の現状に対して政策的な対応として登場したのが「子育て支援」なのである。

　子育て支援ということばは、少子化や女性の社会進出が進む中で、仕事と子育てを両立させていけるように、子育てを充実させていくという目的のために使われはじめ、発展していった概念である。具体的にはどのような定義がなされているのか、次におさえておこうと思う。

　「子育てという営みあるいは養育機能に対して、私的・社会的・公的機能が支援的に関わることにより、安心して子どもを産み育てる環境をつくるとともに、子どもの健やかな育ちを促すことを目的とする営み」（大豆生田啓友『保育用語辞典第6版』ミネルヴァ書房、2012）。

本来は家族や地域などの中で行われていたこれらの子育て支援が、核家族化や地域社会の持つ教育力の希薄化などにより機能しなくなったため、異なる形での子育てを支援するシステムを整備することによって、子育てを支援していこうとするものである。これは単に親に対するサービスという側面だけではなく、子どもがより良く育つための支援を行っていく、つまり社会全体で子育てを支えていこうという方向性を示唆するものである。言い換えれば、子どもは社会全体のものであり、その健やかな育ちを共に支えていこうという考え方に基づくものといえる。

2. 子育て支援政策（制度・法律）

　先にも述べたように、子育て支援は平成に入ってから盛んになってきたもので、民間の中から広がったというよりも、国の施策の一環として広まったというとらえ方のほうが妥当なようである。そこで、子育て支援に関する施策について概観し、その流れを理解しておきたいと思う。

　子育て支援に関しては、1990（平成2）年厚生省（当時）が「これからの家庭と子育てに関する懇談会報告書」をとりまとめ、ここから子育て支援が始まったとみることができる。また児童をどのようにみていったらよいかに関しては、「子どもの権利条約（児童の権利に関する条約）」が全世界的な条約として1989年に採択されている（p.13参照）。内容は大きく分けると、①児童の生存・保護・発達に関するもの、②児童の最善の利益、③児童の意見表明、思想・良心の自由を認めるものの3つになる。この中で「児童の最善の利益」が日本の児童家庭福祉においても、その根底に流れる考え方となる。

*児童福祉法

　戦後の昭和22年に制定され、以後部分的に改定が行われ、平成9年、平成13年、平成20年、平成24年と比較的大規模な改定が行われている。この法律で「児童」とは満18歳未満の子どもを指している。特に平成24年の改正では、子ども・子育て支援の新制度に向けて、いわゆる「子ども・子育て関連3法」が公布された。これによって、児童福祉法では、新たな子育て支援にかかわる事業の法定化や、児童福祉施設として「幼保連携型認定こども園」が追加された。また保育所の入所に際してはそれまで半世紀以上にわたって「保育に欠ける」という条件が付与されていたが、「保育を必要とする」という文言に改定された。

　「児童福祉法」における子育て支援についての記述をみていく。「第2章　福祉の保障、第2節　居宅生活の支援」の「第6款　子育て支援事業」が記載されている。ここでは子育て支援事業として第21条の9に次のようにある。

「市町村は、児童の健全な育成に資するため、その区域内において、放課後児童健全育成事業、子育て短期支援事業、乳児家庭全戸訪問事業、養育支援訪問事業、地域子育て支援拠点事業、一時預かり事業、病児保育事業及び子育て援助活動支援事業並びに次に掲げる事業であって主務省令が定めるものが着実に実施されるよう、必要な措置の実施に努めなければならない。

1. 児童及びその保護者又はその他の者の居宅において保護者の児童の養育を支援する事業
2. 保育所その他の施設において保護者の児童の養育を支援する事業
3. 地域の児童の養育に関する各般の問題につき、保護者からの相談に応じ、必要な情報の提供及び助言を行う事業

以上のように、子育て支援事業は国の施策として法定化され、それを市町村が具体的な地域の状況に応じた対応を行うようになっている。

3. 少子化対策施策のこれまでの取り組み

　先に述べたように、1990（平成2）年の「1.57」ショックをきっかけに「今後の子育て支援のための施策の基本的方向について（エンゼルプラン）」をはじめとして、さまざまな取り組みが行われてきている。これらは、若い子育て世帯を支援するために作られたもので、エンゼルプランという名称からもわかるように、主に乳幼児の子育てを支援するための施策であり、各都道府県ごとに努力目標が掲げられた。続いて1999（平成11）年には「重点的に推進すべき少子化対策の具体的実施計画について（新エンゼルプラン）」2004（平成16）年には「子ども・子育て応援プラン」、2010（平成22）年には「子ども・子育てビジョン」、2015（平成27年）には「子ども・子育て支援新制度」が本格的に施行されている。

4. 少子化対策の現状について

　子育て支援の変遷を見てみると、はじめの頃は、どちらかというと子育てをする母親を中心とする施策であったようである。現在は、母親だけではなく、父親を含めた家庭や、職場、そして地域における支援へと広がりをみせている。

（1）育児休業の延長

　2017（平成29）年に「育児・介護休業法」が改定された。これによって、育児休業期間が原則1年間、例外的に1年6ヵ月までの延長であったが、子どもが「1歳6ヵ月に達した時点で、保育所に入れない等の場合に再度申し出することにより、育児休業期間を『最長2歳まで』延長できる」とした。また、特に男性の育児参加の促進を目的として、就学前の子どもを持つ人が育児に使うことを目的とする「育児目的休暇」を新設した。

　また、育児休業は女性がとるというイメージが長く持たれてきたが、男性の育児休業取得についても推進していくことが求められ、1996（平成8）年に0.12％という低い取得率であったのが、2007（平成19）年には1.56％となり、2011（平成23）年には2.63％、そして2017（平成29）年には5.14％と着実に増加している（厚生労働省「平成29年度雇用均等基本調査」による）。

表 2-1 少子化対策のこれまでの取り組み

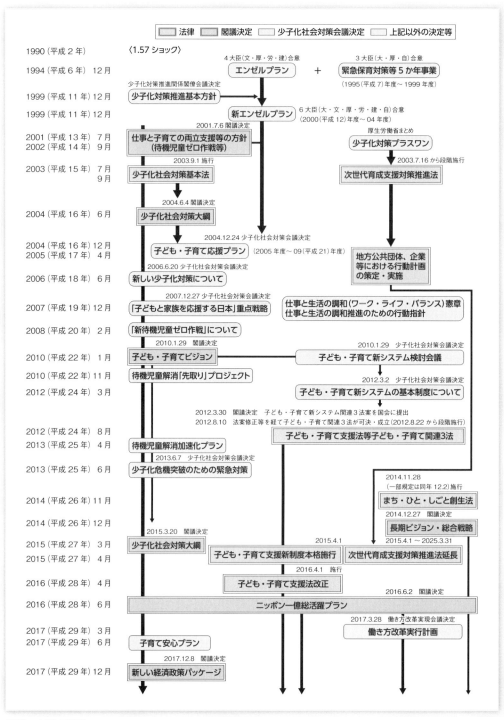

資料：内閣府資料

表 2-2　年齢別待機児童　(厚生労働省資料)

		29 年待機児童	29 年利用児童	就学前児童数
低年齢児（0～2歳）		23,114 人 (88.6%)	1,031,486 人 (40.5%)	2,936,000 人
	うち0歳児	4,402 人 (16.9%)	146,972 人 (5.8%)	1,002,000 人
	うち1・2歳児	18,712 人 (71.7%)	884,514 人 (34.7%)	1,934,000 人
3歳以上児		2,967 人 (11.4%)	1,515,183 人 (59.5%)	3,073,000 人
全年齢児計		26,081 人 (100.0%)	2,546,669 人 (100.0%)	6,009,000 人

(2) 待機児童の解消に向けて

待機児童に関しては、マスコミ等でも取り上げられ社会問題となっている感があるが、表2-2で見ると、平成29年度の待機児童の88.6%が0～2歳の乳児であることがわかる。1997（平成9）年に児童福祉法が改定され、それまで特別対策として実施されてきた乳児保育が、保育所すべてにおいて行われることになった。保育所における乳児保育の拡大にもかかわらず、現状ではこのような待機児童問題は解決されたとはいえない。それに対して、2015（平成27）年の「子ども・子育て新制度」によって幼保連携型認定こども園が新たなスタートを切った。ここでの保育にあたる保育者は「保育教諭」と呼ばれ、0歳からの保育が行われている。

(3) 地域型保育事業

2015（平成27）年から設定された保育事業として地域型保育事業がある。これは保育所が原則20人以上の児童を保育する施設であるのに対して、それより少人数の単位で、0から2歳の子どもを保育する事業である。利用時間は、保育所と同様に、夕方までの保育のほか、園により延長保育を実施することができる。この保育事業を利用できる保護者は、共働き世帯、親

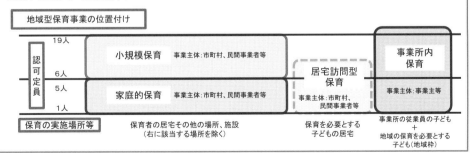

図 2-1　地域型保育事業　(内閣府資料)

族の介護などの事情で、家庭で保育のできない保護者などである。この保育事業終了後の子どもの保育に関しては、連携施設（保育所、幼稚園、認定こども園）が設定され、円滑な保育の接続がなされるようになっている。

地域型保育事業はの4つのタイプの事業がある。1つ目は、「家庭的保育（保育ママ）」で、家庭的な雰囲気のもと、少人数（定員5人以下）を対象にきめ細かな保育が行われている。2つ目は「小規模保育」で、少人数（定員6から19人）を対象に、家庭的保育に近い雰囲気の中で、きめ細かな保育を行っている。3つ目は「事業所内保育」で、これは会社の事業所の保育施設などで、従業員の子どもだけではなく、地域の子どもも一緒に保育する事業である。4つ目は「居宅訪問型保育」で、子どもに障害や疾患などがあるために個別のケアが必要な場合や、保育所の閉鎖等により保育を維持する必要がある場合などに、保護者の自宅で1対1で保育を行う事業である。

（4）仕事・子育て両立支援

2016（平成28）年度に創設された仕事・子育て両立支援は、企業などからの事業主拠出金を財源として、事業所内の保育施設の整備や、ベビーシッター派遣サービスの利用を促進するものであり、ベビーシッターを利用する際の補助金や助成金の支給を受けることができる。

「平成30年度ベビーシッター派遣事業実施要綱」では、事業の目的として「ベビーシッター派遣事業は、子ども・子育て支援法（平成24年法律第65号）第59条の2第1項に規定する仕事・子育て両立支援事業として、多様な働き方をしている労働者がベビーシッター派遣サービスを利用した場合に、その利用料金の一部又は全部を助成することにより、仕事と子育てとの両立に資する子ども・子育て支援の提供体制の充実を図ることを目的とする」と明記されている。乳児を持つ家庭では、ベビーシッターを利用するケースも多いため、その料金はかなりの負担となっている。この助成を利用することによって、乳児を持つ、ベビーシッターを利用の家庭の経済的負担が軽減されるのである。

（5）職場における子育て支援

仕事と家庭を両立した生活を送るために、職場の環境を整備することによって、働きやすい生活を送ることが目指されている。企業に向けては「くるみん」「プラチナくるみん」の認定という事業が始まり、2015（平成27）年より認定を行い、認定された企業には「くるみんマーク」「プラチナくるみんマーク」を企業の広報等に使用することが認められた。「くるみん」とは、赤ちゃんを包む「おくるみ」のイメージと「職場ぐるみ・会社ぐるみ」をかけてつくられたことばである。このことばには仕事と子育てを職場においても支援していこうという意味合いがある。

2018（平成30）年3月に「くるみん」認定を受けた企業の数は2060社で、くるみん認定を受けた後も、仕事と子育ての両立支援を継続的に行っている企業に対して与えられる「プラチナくるみん」認定も開始されており、195社がこの認定を受けている（2018年3月現在）。

(6) 地域における子育て支援
──子育て援助活動支援事業（ファミリー・サポート・センター事業）について

　ファミリー・サポート・センター事業とは、児童を有する子育て中の労働者や主婦等を会員として、児童の預かりの援助を受けることを希望する者（依頼会員）と、それに対する援助を行うことを希望する者（提供会員）との相互援助活動に関する連絡、調整を行うものである。センターでは、アドバイザーが配置され、会員の登録、援助活動の依頼・実施、料金の支払い・活動報告書の作成などを行う。「子ども・子育て支援新制度」の開始に伴い、平成27年度からは「地域子ども子育て支援事業」として実施され、その実施主体は市区町村である。

　ファミリー・サポートの活動例としては、以下のようなものが想定されている。
・保育施設等までの送迎を行う
・保育施設の開始前や終了後又は学校の放課後、子どもを預かる
・保護者の病気や急用等の場合に子どもを預かる
・冠婚葬祭や他の子どもの学校行事の際、子どもを預かる
・買い物等外出の際、子どもを預かる
・病児・病後児の預かり、早朝・夜間等の緊急預かり対応

　2016（平成28）年で実施している市区町村は基本事業の実施が833市区町村、「病児・緊急対応強化事業」（病児・病後児や早朝・深夜などの緊急時の預かりを行う）は145市区町村で実施されている。会員数は依頼会員55万人、提供会員が13万人である。

(7) 乳児を育てるための支援をめぐる課題

　少子化社会といわれるようになってから久しい。今までみてきたように、国はその状況を何とか打開すべく、さまざまな施策を展開してきている。しかし、保育所をめぐる状況は、規制緩和の名のもとで、保育状況は必ずしも良い方向には向かっていないという現状もある。保育事業は費用がかかることもあり、国はなかなかそれに取り組むことがなかったという歴史的な停滞もある。劣悪な認可外保育施設における事故も多数報告されている。このような状況を考えると、乳児にとっての望ましい保育状況とはどのようなものか、また、保育を行う保育士や保育教諭にとって、働きやすい職場とはどのようなものなのか、考えていくべき課題であろう。

保育所における乳児保育

1. 法的位置づけ

　保育所は、児童福祉法第39条において「保育を必要とする乳児・幼児を日々保護者の下から通わせて保育を行うことを目的とする施設とする」と規定され、保護者が働いていたり、保護者あるいは親族が病気や障害を持っていたり、災害や求職活動あるいは就学等の理由で、当該児童を保育することができない場合に、家庭の保護者にかわって保育をすることを目的とする施設である。わが国の保育所は、女性の就労の増加に伴い、乳児保育へのニーズが高まり、

1998年には、乳児保育の一般化が図られ、いずれの保育所でも乳児保育が実施されるようになった。それ以降、乳児保育の条件整備が整えられ、保育所施設数と利用児童数と共に年々増加傾向にある（図2-2・図2-3）。保育所児童の約261万人中、3歳未満児は約107万人で全体の41%を占めており、特に育児休暇終了後に保育所に預けたくても預けられない待機児童に関し

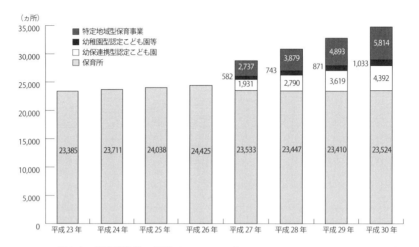

図 2-2　保育所等数の推移（出典：保育所等関連状況取りまとめ（平成30年4月1日））

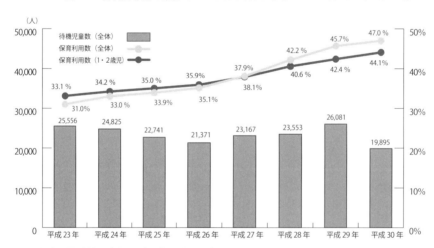

図 2-3　保育所等待機児童数及び保育所等利用率の推移（出典：保育所等関連状況取りまとめ（平成30年4月1日））

表 2-3　年齢区分別の利用児童数・待機児童数
（出典：保育所等関連状況取りまとめ（平成30年4月1日））

		30年利用児童数	30年待機児童数
低年齢児（0〜2歳）		1,071,261人（41.0%）	17,626人（88.6%）
	うち0歳児	149,948人（5.7%）	2,868人（14.4%）
	うち1・2歳児	921,313人（35.2%）	14,758人（74.2%）
3歳以上児		1,543,144人（59.0%）	2,269人（11.4%）
全年齢児		2,614,405人（100.0%）	19,895人（100.0%）

（注）利用児童数は、全体（幼稚園認定こども園等、地域型保育事業等を含む）

ては、全体の約88％が3歳未満児に集中している（表2-3）。この数は年々増加傾向にあり、今後ますます乳児保育の需要は高まっていくであろう。

2. 乳児保育室の設置基準

　国の基準（児童福祉施設最低基準）により、保育所設置は20人以上の規模であること、乳児保育の設置基準には乳児室の面積は0・1歳児1人当たり1.65m^2、ほふく室3.3m^{2}と最低基準が決まっており、保育従事者は全員保育士であること、0歳児に関しては、乳児3人に1人、1歳児・2歳児では6人に1人、3歳児では20人に1人、4歳以上児では30人に1人保育士が配属されることが決まっている。しかし待機児童問題が深刻な地域によっては、「地域の自主性及び自立性を高めるための改革の推進を図るための関係法律の整備に関する法律」（平成24年4月1日施行）により、地域の実情に応じた異なる条件が認められるようになった（表2-4）。以降、企業立の保育所が増え、保育所定員の弾力化や、無資格であっても研修を修了すれば、朝夕の子どもが少なくなる時間帯の保育ができたり、幼稚園教諭や小学校教諭など保育士資格を有していない者に代替することが可能となった。このことにより、保育の質の低下を懸念する声があがっており、保育の量だけでなく質の向上を目指すことが、より求められている。

表2-4　保育所の設置・運営基準比較表（出典：内閣府資料「保育の現状」）

		国基準（児童福祉施設最低基準）	東京都基準	東京都 認証保育所A型（駅前設置型）	東京都 認証保育所B型（小規模型）	横浜市基準	横浜保育室
	設置者	区市町村、社会福祉法人、民間事業者等	区市町村、社会福祉法人、民間事業者等	民間事業者等	個人	横浜市、社会福祉法人、民間事業者等	個人、民間事業者等
	対象児童	0歳〜小学校就学前	0歳〜小学校就学前	0歳〜小学校就学前	0〜2歳	0歳〜小学校就学前	0歳〜小学校就学前
	申込方法入所決定	利用者が区市町村へ申し込み、区市町村が入所決定	利用者が区市町村へ申し込み、区市町村が入所決定	利用者が認証保育所へ申し込み、直接契約	利用者が認証保育所へ申し込み、直接契約	利用者が横浜市に申し込み、横浜市が入所決定	利用者が横浜保育室へ申し込み、直接契約
	規模	20人以上	20人以上	20〜120人	6〜29人	60人以上	20人以上
施設基準	乳児室（0,1歳児）	1.65㎡/1人	3.3㎡/1人	3.3㎡/1人（年度途中は2.5㎡/1人まで弾力化）	2.5㎡/1人	3.3㎡/1人	2.475㎡/1人（平成25年4月以降は3.3㎡/1人）
施設基準	ほふく室（0,1歳児）	3.3㎡/1人					
施設基準	保育室・遊戯室（2歳以上児）	1.98㎡/1人	1.98㎡/1人	1.98㎡/1人	1.98㎡/1人	1.98㎡/1人	1.98㎡/1人
施設基準	屋外遊戯室（2歳以上児）	3.3㎡/1人	3.3㎡/1人	3.3㎡/1人	基準なし	3.3㎡/1人	基準なし
職員基準	配置基準（児童数：職員数）	0歳児 3:1 1歳児 6:1 2歳児 6:1 3歳児 20:1 4歳以上児 30:1	0歳児 3:1 1歳児 6:1 2歳児 6:1 3歳児 20:1 4歳以上児 30:1	0歳児 3:1 1歳児 6:1 2歳児 6:1 3歳児 20:1 4歳以上児 30:1	0歳児 3:1 1歳児 6:1 2歳児 6:1	0歳児 3:1 1歳児 4:1 2歳児 5:1 3歳児 15:1 4歳以上児 24:1	0歳児 4:1 1歳児 4:1 2歳児 4:1 3歳児 20:1 4歳以上児 30:1
職員基準	保育従事者	全て保育士	全て保育士	保育士は6割で可	保育士は6割で可	全て保育士	保育士は2/3で可

出所：東京都認証保育所事業実施要項（平成24年4月）、横浜市「保育所整備の手引き」（平成24年4月）、横浜市「横浜保育室の手引き」（平成24年5月）等に基づき規制改革推進室が作成。

3. 今後の課題

　わが国は、昭和23年以降、約60年以上もの間、保育所の設置・運営基準の見直しがされてこなかった。たとえば、保育士配置基準においては、他国と比較すると、子ども1人当たりの保育者数において、アメリカは1歳半から2歳まで4人に1人に対し、日本は6人に1人と少ない。また、日本にはグループの大きさに関する基準は作られていないが、アメリカをはじめ

表2-5 アメリカの人数比率とグループの大きさ
(http://www-w.cf.ocha.ac.jp/iehd/wp-content/uploads/2016/11/NICHD_kodomogaku.pdf)

本研究で用いられた保育基準

アメリカ小児科学会と米国公衆衛生協会によって推奨されている保育ガイドライン
(Professional standards for Child Care Recommended by the American Academy of Pediatrics and the American Public Health Association4)

＊大人と子どもの人数比率：
　6ヶ月から1½歳までの子ども――子ども3人に対して保育者1人
　1½歳から2歳までの子ども―――子ども4人に対して保育者1人
　2歳から3歳までの子ども―――子ども7人に対して保育者1人

＊グループの大きさ：
　6ヶ月から1½歳までの子ども――1グループ6人まで
　1½歳から2歳までの子ども―――1グループ8人まで
　2歳から3歳までの子ども―――1グループ14人まで

＊保育者のトレーニングと教育レベル：
　高卒以上で、その後何らかの専門的教育を受けた者。これには大学での児童発達学、幼児教育学およびそれらの関連領域の学位取得者などが含まれる。

諸外国では、グループの大きさの基準が作られている（表2-5）。

平成30年4月に施行された保育所保育指針においては、0・1・2歳児いわゆる乳児保育の充実、質の向上が重要なポイントとして位置づけられた。これは、内外の多くの研究結果により、乳児期の保育の内容や方法など、保育の質そのものが、子どもの一生を通した育ちや人生、生活に深く影響することがわかってきたからである。たとえば、アメリカ国立子ども人間発達研究所の長期追跡研究によれば、3歳未満児では、質の高い保育を受けた子どもは協調性がより高く、言語的、知的能力がやや高くなることが明らかだとしている。質の高い保育とは、保育者の言葉かけや応答性が重要で、子どもとのかかわりが温かく、受容的であることであった。指針にも強調されているように、乳児保育では、温かく丁寧で、受容的、応答的なかかわりを大切にした保育が大切である。

4．認定こども園とは

認定こども園とは教育・保育を一体的に行う施設であり、図2-4にある機能を備え、認定基準を満たす施設は都道府県等から認定を受けることができる。認定こども園には地域の実情や保護者のニーズに応じて選択が可能となるよう、以下のように多様なタイプがある。

4類型ごとの基準は、表2-6のとおりであるが、それぞれ設置主体により法的性格が異なっており、幼保連携型認定こども園では保育教諭、その他の認定こども園では、両免許を有することが望ましいが、3歳以上ではどちらか一方の資格を有していれば可能、3歳未満児に対しては保育士資格が必要であるといった資格要件に違いがある。

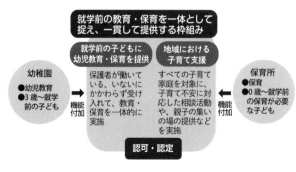

図2-4 認定こども園の機能

保育内容に関しては、幼保連携型認定こども園教育・保育要領をふまえて教育・保育を実施するが、幼稚園型は幼稚園教育要領、保育所型は保育所保育指針に基づくことが前提とされている。特に、認定こども園として配慮すべき事項を考慮することが重要とされている。現在、認定こども園法の改正により、「学校及

表2-6 認定こども園の4類型のタイプと比較

	幼保連携型 認定こども園	幼稚園型 認定こども園	保育所型 認定こども園	地方裁量型 認定こども園
タイプ	幼稚園的機能と保育所的機能の両方の機能をあわせ持つ単一の施設として、認定こども園としての機能を果たすタイプ	認可幼稚園が、保育が必要な子どものための保育時間を確保するなど、保育所的な機能を備えて認定こども園としての機能を果たすタイプ	認可保育所が、保育が必要な子ども以外の子どもも受け入れるなど、幼稚園的な機能を備えることで認定こども園としての機能を果たすタイプ	幼稚園・保育所いずれの認可もない地域の教育・保育施設が、認定こども園として必要な機能を果たすタイプ
法的性格	学校かつ児童福祉施設	学校 (幼稚園+保育所機能)	児童福祉施設 (保育所+幼稚園機能)	幼稚園機能+保育所機能
設置主体	国、自治体、学校法人、社会福祉法人*1	国、自治体、学校法人	制限なし	
職員の要件	保育教諭*2 (幼稚園教諭+保育士資格)	満3歳以上→両免許・資格の併有が望ましいがいずれかでも可 満3歳未満→保育士資格が必要	満3歳以上→両免許・資格の併有が望ましいがいずれかでも可 ただし、教育相当時間以外の保育に従事する場合は、保育士資格が必要 満3歳未満→保育士資格が必要	満3歳以上→両免許・資格の併有が望ましいがいずれかでも可 満3歳未満→保育士資格が必要
給食の提供	2・3号子どもに対する食事の提供義務 自園調理が原則・調理室の設置義務（満3歳以上は、外部搬入可）	2・3号子どもに対する食事の提供義務 自園調理が原則・調理室の設置義務（満3歳以上は、外部搬入可） ※ただし、参酌基準のため、各都道府県の条例等により、異なる場合がある	2・3号子どもに対する食事の提供義務 自園調理が原則・調理室の設置義務（満3歳以上は、外部搬入可）	2・3号子どもに対する食事の提供義務 自園調理が原則・調理室の設置義務（満3歳以上は、外部搬入可） ※ただし、参酌基準のため、各都道府県の条例等により、異なる場合がある
開園日・開園時間	11時間開園、土曜日の開園が原則（弾力運用可）	地域の実情に応じて設定	11時間開園、土曜日の開園が原則（弾力運用可）	地域の実情に応じて設定

*1 学校教育法附則6条園の設置者（宗教法人立、個人立等）も、一定の要件の下、設置主体になることができる経過措置を設けている。
*2 幼稚園教諭免許又は保育士資格のどちらか一方しか有していない者は、新制度施行後5年間に限り、保育教諭となることができる。

び児童福祉施設としての法的位置づけを持つ単一の施設」である幼保連携型認定こども園が創設され、認定こども園数は増加傾向にある（図2-5）。

　認定こども園は、幼稚園と保育所の両方の良さを併せ持つ施設である一方で、教育標準時間である1号認定の子どもと、保育標準時間である2号認定の子ども[注]が共に存在する施設であるがゆえの運営上の課題がある。たとえば、在園時間や登園日数の異なる個々の子どもの生活リズムや主体的な活動に配慮しながら、子どもたちの活動の連続性をどのように保障するのかといった課題や、双方に配慮した教育・保育をどのように展開するかなど大きな課題となっている。

(注) 子ども子育て支援法第19条第1項第1号～第3号
・1号認定（教育標準時間認定）……満3歳以上の小学校就学前子どもであって、学校教育のみを受ける子ども
・2号認定（保育認定）……満3歳以上の小学校就学前子どもであって、保育を必要とする子ども
・3号認定（保育認定）……満3歳未満の保育を必要とする子ども

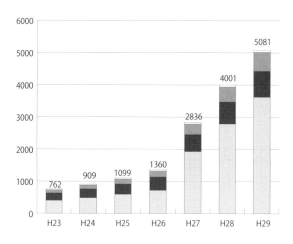

図2-5　認定こども園数の推移（平成29年4月1日現在）

5. 乳児院の保育
（1）乳児院について

　乳児院は保護者の養育を受けることのできない乳幼児を養育する施設として、児童福祉法第7条に定められた児童福祉施設の1つである。さらに、第37条では「乳児院は、乳児（保健上、安定した生活環境の確保その他の理由により特に必要のある場合には、幼児も含む）を入院させて、これを養育し、あわせて退院した者について相談その他の援助を行うことを目的とする施設とする」とされ、子どもとその家庭の両方を支援するという社会的養護を担う施設としての役割がある。また第48条の2の規定に基づき、「その行う児童の保護に支障がない限りにおいて、当該施設の所在する地域の住民につき、児童の養育に関する相談に応じ、及び助言を行うよう努めなければならない」とされており、地域の子育てに対しても積極的な支援を行うよう求められている。乳児院には小児科医又は嘱託医、看護師、個別対応職員、家庭支援専門相談員、栄養士及び調理員等を置く必要があるが、規定の看護師数を確保している場合は、保育士をその代わりに充当することができる（第21条6項）。さまざまな問題に対応しなければならないため、医療、看護、福祉、保育等、多様な専門職との連携が必要な場である。

　乳児院の施設数及び入所している子どもの数は、131ヵ所、3857人（平成25年10月）から138ヵ所、3895人（平成29年3月）と減少の兆しはみえない。また入所時点の年齢は、その多くが0歳児で、発達の早期から親元を離れ施設で生活しているのである。

　乳児院への入院は原則として1歳未満の乳児であるが、1歳を超えた幼児の在所が多くみられるという現状もふまえて、児童福祉法第37条のカッコ書きにあるとおり、「特に必要のある場合には、幼児も含む」となり、年齢の弾力化が図られた（平成16年改正）。また乳児院への入所というと長期間にわたるという印象を持つことが多いが、実際は短期と長期が両極化しているという特徴がある。つまり保護者が行う養育を一時的に引き受け補完するための短期入所と、長期間にわたって養育と家庭支援を行うための入所に分かれる傾向にある。長期入所の場

合の理由は、保護者の病気や育児放棄、虐待、経済的理由など多様であり、かついくつかの理由が混在しているため問題解決の道は簡単にはひらかれない。入所児に対する養育の他にも、もう一度、子どもと一緒に家庭生活を送ることができるように保護者の支援を行ったり、さらに子どもの退所後のケアも重要な役割となっており、継続的、連続的な支援が必要である。

(2) 1日の流れ

養育の内容は「乳幼児の年齢及び発達の段階に応じて必要な授乳、食事、排泄、沐浴、入浴、外気浴、睡眠、遊び及び運動のほか、健康状態の把握、健康診断及び必要に応じ行う感染症等の予防処置を含むものとする」とされており、日中の保育内容を見る限り、保育所などの保育と変わらないように思える（「児童福祉施設の設備及び運営に関する基準」第23条）。しかし乳児院での生活は1年365日24時間、職員や他の子どもたちと生活を送ることになる。生活する乳幼児は、早い段階から親の元を離れて暮らすことになるため、「担当養育制」によって特定の大人との愛着関係を築くような配慮がされている。子どもが入所に至った理由はさまざまではあるが、何らかの障害を持っていたり虐待経験のあるケースも少なくない。これまでの生育環境にかかわらず、養育の基本である情緒の安定を図るために、担当の保育士による養育を行うことで、愛着や基本的な信頼関係を築くことが大切である。そこで信頼できる大人の存在を知り、温かく受け止められる中で、安心できる環境のもとで生活することを経験していく。保育所保育においても、緩やかな担当制の中で子どもと継続的な信頼関係を築くことが必要であるとされている。しかし、それは保育所という場所や保育士という人に対して安心感を持ち、自ら環境に働きかけて探究するための基地であり、子どもはもう1つの絶対的な本拠地である家庭や家族を背景に抱えている。しかし乳児院で過ごす子どもの場合は、担当の職員が保護者に代わる愛着対象であり、基本的信頼関係の出発点となる存在である。成長の過程で自他の存在を受け入れ、より良い生活を送ることができるよう支援していかなければならないのである。その際に、虐待の経験や分離不安等に対するケアも、視野に入れながら個別的に行う必要があるだろう。

1日の流れは月齢や季節により異なるが、朝の起床に始まり、着替えと検温、おむつ交換・排泄を済ませて朝食（授乳）を行う。午前中は健康観察や自由な遊びを行い、昼食を終えると午睡、入浴、おやつ、室内遊びの後、夕食を済ませて順次就寝する。子どもたちの経験には個人差があり、その子どもなりの個性もあることから、対応は個別に受け止めながら、安心して生活できるようにすることが重要である。また乳児院は家庭的養育を補完する比較的小規模施設であるとはいえ、他児も同じ空間で生活する環境である。一般的な家庭とは異なり、「自分のもの」という気持ちを意識的に育てる必要がある。そのため玩具や衣類、食器など、生活で必要なものについては一人一人個別で使用することとし、「自分のもの」を持つことの喜びや大切にする気持ちを育てると同時に、特別なものを用意されて愛されている自分を感じられるようにしたい。またここで育まれた所有物に対する意識は、自分のものを大切に扱いつつ、生活の場を整える「片づけをする」という意欲へとつながっていく。

乳児院はこのように入所している子どもの養育だけではなく、地域の子育て家庭に対する育児相談や、ショートステイ、トワイライトステイなどの事業を行っており、地域支援の充実も大切な役割の1つである。今後は「子どもの最善の利益のため」に、より多くの子どもが周囲のサポートを受けて家庭復帰を果たしたり、里親等の家庭的な養育環境で育つことが望まれる。

6. 地域型保育事業における乳児保育

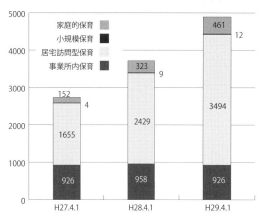

図 2-6　地域型保育の認可件数の推移

　子ども・子育て支援新制度により、認定こども園、幼稚園、保育所の3つの施設類型の他に、0〜2歳児の保育の受け皿として、地域型保育事業（家庭的保育事業、小規模保育事業、居宅訪問型保育事業、事業所内保育事業）が新たに創設された。地域型保育事業の内容に関しては、第1節にて説明しているが、ここではそのうちの家庭的保育事業と小規模保育事業について述べる。

（1）家庭的保育事業

　家庭的保育事業とは、家庭的保育者（いわゆる保育ママ）が居宅またはその他の場所で、生後57日から3歳未満の子どもを対象に行う事業であり、国の示す省令および通知に基づいて市町村が実施するものである。現在では、市町村が家庭的保育者に委託して実施する「個人実施型」、保育所などを運営する者に委託し、保育所が家庭的保育者を雇用して実施する「保育所実施型」、複数の家庭的保育者が共同の場所を使用して保育する「グループ型」など、家庭的

写真 2-1　昼食前に絵本の読み聞かせをしている様子
子どもの数が少ないため、一人一人に語りかけるような読み聞かせをすることができる。子どもとの距離が近く、家で過ごすような温かい雰囲気である

写真 2-2　ベビーカーに乗ってお散歩をしている様子
その日の天気や気温、子どもの興味関心に合わせて散歩コースを決定できる

36　第2章　乳児保育の現状と課題

保育事業は広がりをみせている。保育者の資格要件は、一定の研修を修了し、保育士と同等以上の知識及び経験を有すると認められる者で、保育を行っている乳幼児の保育に専念できる者とされている。定員は3～5人であり、一人一人にきめ細かな保育がなされ、自宅にいるような安心感の中で、子どもたちは、のびのびとゆったり過ごすことができ、保護者にとっては少人数制であることから、保育者が身近な存在となり、コミュニケーションがとりやすく、その日の子どもの様子を話したり、子育ての悩みなども気軽に相談したりすることができる。

(2) 小規模保育事業

　小規模保育事業とは、定員規模6人以上19人以下の保育施設であり、大都市部の待機児童対策、人口減少地域の保育基盤維持など、地域の実情に応じた多様な目的に活用できることを特徴としている。多様な主体が、多様なスペースを活用して質の高い保育を提供でき、保育所分園やグループ型小規模保育、地方単独事業など、さまざまな事業形態から移行できることで、特に待機児童が多い地域では増加している。保育者の資格要件も、小規模保育B型とC型においては、一定の研修を修了すれば、保育に従事することができるようになっている。現在、新制度における小規模保育事業の認可基準として、①保育内容の支援及び、②卒園後の受け皿の役割を担う「連携施設」を設定することが求められており、「連携施設」は①認定こども園、②認可保育所、③幼稚園となっている。

　連携施設では、小規模保育の規模面での配慮として、集団保育の経験、屋外遊技場での活動などが、3歳に近づくにつれ重要な要素であることから、合同保育、園庭開放などの機会を設けること、また、発達の遅れのある子どもの早期発見や助言・相談活動を行うことなどが大切である。

　小規模保育所においては、自園調理を原則としながらも、連携施設からの給食搬入も認められている。小規模保育は、1人の保育者が担当する子どもの数が少ないため、手厚く子どもの発達に応じた質の高い保育を行うことができる。集団になじめない子どもや、低年齢児においては、1対1の応答的なかかわりができ、子どもたちの興味・関心に合わせ、臨機応変に保育が展開できることが小規模保育の利点である。しかし小規模保育で預かる子どもたちは原則3歳未満であることから、その後の受け入れ先の確保が難しい現状があり、新たな待機児童の問題も生じている。

3歳未満児の発育・発達をふまえた保育

 3歳未満児の定義

　3歳未満児とは、その字のごとく、3歳未満の子どものことを指している。当然のことのようであるが、なぜ3歳で区分する必要があったのであろうか。

　平成29年の保育所保育指針改訂も、幼稚園教育要領改定も、保育所における保育も幼稚園における保育も、同じ子どもを対象としながらも児童福祉法と学校教育法との2つの法律に基づいていることから起こるその差についての整合性を図るための1つの理由として行われた経緯がある。そもそもの保育所と幼稚園の対象年齢は違っている中で、幼稚園の根本法である学校教育法はそのままにしつつも、保育・教育内容については同じことを定めるようにすり合わせを進めた。幼稚園教育要領の根本法である学校教育法では以下のように入所の年齢が区分されている。

> **学校教育法**
> 　第二六条　幼稚園に入園することのできる者は、満三歳から、小学校就学の始期に達するまでの幼児とする。

　一方、児童福祉法では保育所の入所年齢について以下のように定められている。

> **児童福祉法**
> 　第三九条　保育所は、保育を必要とする乳児・幼児を日々保護者の下から通わせて保育を行うことを目的とする施設（利用定員が20人以上であるものに限り、幼保連携型認定こども園を除く。）とする。

　すなわち、満3歳以上の者が学校教育の対象であり、3歳未満児については学校教育法で示すところの教育とは分離する必要が読み解ける。ちなみに、幼保連携型認定こども園を除くとしてあることも、幼保連携型認定こども園は学校教育法に位置づけられることから、その満3歳以上の子どもに関しては、児童福祉法の対象ではなく学校教育法に位置づけられるためである。このように、3歳で区分することは、子どもの身体や発達の特性というよりも、制度的な意味合いが濃い。そのことは、子ども・子育て支援法においても、当然、同義の意味で解釈されている。たとえば、子どもに対しての給付についても、満3歳を1つのラインとして位置づけていることからそのことがわかる。

> **子ども・子育て支援法**
> 第 19 条
> ①子どものための教育・保育給付は次に掲げる小学校就学前子どもの保護者に対し、その小学校就学前子どもの第 27 条第 1 項に規定する特定教育・保育、第 28 条第 1 項第 2 号に規定する特別利用保育、同項第 3 号に規定する特別利用教育、第 29 条第 1 項に規定する特定地域型保育又は第 30 条第 1 項第 4 号に規定する特例保育の利用について行う。
> 　一　満 3 歳以上小学校就学前子ども（次号に掲げる小学校就学前子どもを除く。）
> 　二　満 3 歳以上の小学校就学前子どもであって、保護者の労働又は疾病その他の内閣政令で定める事由により家庭において必要な保育を受けることが困難であるもの。
> 　三　満 3 歳未満の小学校就学前子どもであって、前号の内閣府令で定める事由により家庭において必要な保育を受けることが困難であるもの。

　この法律で定められた、一号、二号、三号によって特定教育・保育施設（幼稚園、保育所、認定こども園）への入園、入所が決まり、幼稚園には 1 号認定子ども、保育所には 2 号認定子ども及び 3 号認定子ども、認定こども園には 1 号認定子ども、2 号認定子ども、3 号認定子どものすべてが入園、入所可能となり、その区分は、満 3 歳児にあることがわかる。もともとの幼稚園制度、保育所制度に対応するために、このような区分になっていると考えることが合理的である。

保育の中の教育とは

　平成 29 年の改訂、改定以前から保育所保育指針、幼稚園教育要領では「意欲」「心情」「態度」の保育者の持つ「ねらい」と共に、その教育内容は 5 領域（健康、人間関係、環境、言葉、表現）として示されている。しかし、ここで示す 5 領域による教育は、学校教育法で示された満 3 歳以上を対象としており、すなわち幼児に対しての教育であるとされている。5 領域は当然、幼稚園のみならず保育所においても、保育内容、カリキュラム等に反映されている。

　保育所の保育では、3 歳以上については、年齢ごとにクラス編成をして、クラスごとの担当保育者と子どもの関係によって保育する形態が多くみられるが、3 歳未満に対しては、年齢ごとのクラスは編成するものの、保育者の配置基準も相まって、複数の保育者と個々の子どもの関係によってクラス編成が行われている。時には、年齢ごとのクラスを解体し、ハイハイをする子どもたち、歩くようになった子どもたちというように、その個々の子どもの状況に応じて、柔軟に集団（クラス）を形成しているような保育もみられる。端的には述べられないが、これらは 3 歳以上は 5 領域による教育であり、3 歳未満は養護が中心となる生活であることからこのような解釈が生まれ、乳児期の子どもと幼児期の子どもの特性から、保育の方法として定着していると思われる。指導計画においても、3 歳以上については長期の指導計画（年間、期、月の指導計画）、短期の指導計画（週、日の指導計画）共にクラス単位での計画立案、実施が求められるが、乳児に関しては個別的な指導計画が求められている。養護を基にした、個別的な保育が乳児に対しては求められているからである。

1. 生活と遊び

「今は生活をしています。これは、生活ではなく遊びです」と日常の中で私たちは考えて行動しているだろうか。1つの行為に対して私たちは生活と遊びを明確に分けてはいない。当然、子どもたちも分けて行動しているわけではない。保育所保育指針では以下のような文言がみられる。

> **保育所保育指針**
> 第1章 総則
> 　（3）保育の方法　オ
> 　　　子どもが自発的・意欲的に関われるような環境を構成し、子どもの主体的な活動や子ども相互の関わりを大切にすること。特に、乳幼児期にふさわしい体験が得られるように、生活や遊びを通して総合的に保育すること。

食事を自ら食べられるようになったり、トイレに自ら行くようになったり、自己の身辺処理を自ら行うようになるなどのことがらを、基本的な生活習慣の自立として、保育所保育指針では示している。そもそも、養護の目的である情緒の安定や安心は、生活そのものであり保育士はそのために子どもに対して援助やかかわりを持つとされている。

一方、遊びについては保育所保育指針の中のさまざまな箇所で使用されているが、保育の内容にかかわる部分に顕著である。例として、3歳以上の保育に関するねらい、「ア　健康」の一文を下記に示してみよう。

> **保育所保育指針**
> 第2章 保育の内容
> 　3　3歳以上の保育に関するねらい及び内容
> 　　（2）ア　健康
> 　　　（イ）内容
> 　　　　③進んで戸外で<u>遊ぶ</u>。
> 　　　（ウ）内容の取扱い
> 　　　　②様々な<u>遊び</u>の中で、子どもが興味や関心、能力に応じて全身を使って活動することにより、体を動かす楽しさを味わい、自分の体を大切にしようとする気持ちが育つようにすること。その際、多様な動きを経験する中で、体の動きを調整するようにすること。
>
> 　　　　　　　　　　　　　　　　　　　　　　　　　　　　　　　　　　　（下線筆者）

「遊びを通して学ぶ」といわれるように、遊びは5領域と関連しながら、教育の内容として取られているが、いずれにしても、生活と遊びは分離できないものである。環境の中での行為の主体者である子どもからすれば、当然、生活が基本的な生活習慣の自立であり、遊びが教育の内容であると分離されたものではないことに、保育者は留意することが重要である。保育所保育指針で示される「養護と教育の一体」とは、子ども主体に考えた時には、生活の中にも遊びの中にも学びは当然含まれていると解釈する必要がある。

> **保育所保育指針**
> 第1章 総則
>   1 保育所保育に関する基本原則
>   （1）イ 保育所は、その目的を達成するために、保育に関する専門性を有する職員が、家庭との緊密な連携の下に、子どもの状況や発達過程を踏まえ、保育所における環境を通して、<u>養護及び教育を一体的に行うこと</u>を特性としている。
> 　　　　　　　　　　　　　　　　　　　　　　　　　　　　　　　　　　　（下線筆者）

2．主体性をどうとらえるか

　生活にしろ、遊びにしろ、その行為の主体者は子ども自身である。自己が身体をゆだねている環境から感じている刺激を基に、自己の身体で行為することが主体性の本質である。

　人は、見えたり、匂ったり、聞こえたりすると、情動が生まれ、生まれた情動をもとに手を使ったり、足を使ったり、口を使ったりし、自己の手で触ったり、自分の口に入れたり、舌でなめたりする。その触ったり、なめたりする行為そのものが主体性といえる。生まれてからは、受動的であった身体が、徐々に自己の思い（随意）で動かせるようになっていく。動かすことは、周囲の環境が、見えたり、匂ったり、聞こえたりしていることから生起している。自己の行為は、周囲の環境が決定しているといってもよい。

　乳児は、周囲（環境）の情報は受動よりも受動と能動の中間帯、中動的に感じている。聞かされているのではなく、聞こえてしまっているというように思われる。何か聞こえているので、そこへ向かう。向かうためには、自己の身体を動かす、という具合に中動的な刺激に対して行為をする。その行為自体を主体性といっている。

　しかし、主体性という用語は感覚的にとらえてはいるものの、明確に定義して保育にあたることはしていないことが多い。そこで、主体性という用語をとらえるために、図3-1を用いながら説明を試みたいと思う。そもそも、「主体」という用語は「主観」と同義のようである。木村（2015）によると、まず、ドイツ語のズプイエクト（Subjekt）、英語のサブジェクト（subject）を主観と訳している。「客観」（オブジェクト：object）に対することばとして「主観」として訳したのだが、その後、行動の主体者に対しても同じサブジェクト（Subject）を用いるようになる。「観」ということばよりも行動を表す「体」を表すことが使い勝手が良いとのことで、主体という用語が一般化した。

　それらを基にすれば、図3-1のように、環境から感じた情報や刺激は、主観として身体の中に起こり（こころ）、

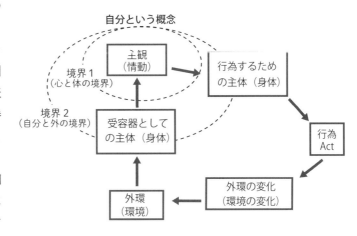

図3-1　外環と主体の関係（溝口、2016）

その主観（こころ）は身体を使って行為をする。行為をすることで、はじめて身体の外側に現れる。こころが、こころでなくなった瞬間である。このことを主体性という。保育にあてはめれば、子ども自身が感じたことを基に、子ども自身が行動することが主体性と言い換えることが可能になる。逆説的に述べれば、子ども自身が感じていないことを行動しているのであれば、それは主体的とはいえない。この逆説は、保育や教育の現場に往々にしてみられる。

　主体的な行為は、さらなる環境を変化させる。砂場が見えたので（環境）、掘りたくなった（主観）。掘りたくなったので、手を使って掘った（行為）。掘ったので穴ができた（外環の変化）。穴が見えたので（環境）、水を流したくなった（主観）。なので、水を汲んだ（行為）。このように、主体性は延々と繰り返されていく。

　主体性は「私自身がいる」というような感覚、自我を形成していくうえで重要な役割を果たす。自己の情動から行為をした結果、行為の対象である環境は変化する。目の前でボールが転がり、見えたので手を伸ばした。伸ばした結果、ボールがさらに転がった。変化した環境は、自分自身の体ではなく、自分自身の体の外で起こっている。転がったボールは、自己の身体でもないし、自己の思いとも異なる。このような行為の繰り返しにより、自己と他者を区分していくと思われる。

　そうなると、生活なり、遊びなり、自己の周辺の環境から生じた主観（情動）に対して、自己の身体で行為すること自体が、保育の中で重要なこととなる。特に、乳児においては、自他未分であった赤ちゃんが、周囲の環境の中で自我を形成していく重要な時期にあたり、乳児保育の最も留意する点であると考える。自我の形成は「私が居る」なので、「私ではないあなたが居る」というように、自他を分離し相手のあることを認識させていくことを促していく。

3．3歳未満児の生活と環境

　保育所の環境は、その保育所の立地環境、規模、保護者のニーズなどによってさまざまである。立地環境は、都心部や人口の密集地のような環境もあれば、山や川、海などの自然事象が豊かな地域での立地もある。保育所待機児童の多い地域もあれば、過疎地や小児人口の減少地域などさまざまな社会的状況の違いもみられる。

　また、昨今の保育制度改革により、保育所、保育事業の多様化も保育環境に影響を及ぼしている。いわゆる従来の認可保育所だけではなく、小規模保育事業、家庭的保育事業、居宅訪問型保育事業、企業主導型保育事業、また東京都認証保育所や川崎認定保育園などの地方単独型保育事業など、乳児保育の現場はここ数年で多岐にわたってきている。

　特に、小規模保育事業、家庭的保育事業等は、制度の設計上、0歳児〜3歳児を主な対象とし、19名以下の少人数での保育を行っている。その意味では、乳児専用の保育事業と言い換えることもできる。従来の認可保育所が、0歳児から就学前までの子どもを対象にし、規模も60名や90名、120名などの大きな人数によって保育を行ってきたのであるが、それらとは異なる保育環境が増え始めている。

　都市部では、保育所の使途に供する用地に限りがあり、その結果、保育所専用の建物を用い

るのではなく、ビルの一室や駅ビルやショッピングモールのような商業施設の中に立地するケースも増加している。また、公営の公園の中や、役所や行政の建物内などを利用するケースもみられ、従来にはない立地環境の保育所ができ始めている。このように、さまざまな保育環境が存在する中で、3歳未満の乳児にとって、生活する環境はどのような環境が良いのであろうか。次節では保育所保育指針を基に、乳児保育にとってどのような環境が望ましいかを考えてみたい。

4. 保育所保育指針からみる保育環境

以下で示されているように、保育所の環境は「養護」及び「教育」のために設定されている。そして、「養護」と「教育」は分離できるものではなく、一体的に進められていくことが明記されている。保育所の規模がどのようであれ、保育所の立地条件がどのようであれ、保育はこの養護と教育が一体的に行われなくてはならない。

保育所保育指針
　第2章　保育の内容
　　保育における「養護」とは、子どもの生命の保持及び情緒の安定を図るために保育士等が行う援助や関わりであり、「教育」とは、子どもが健やかに成長し、その活動がより豊かに展開されるための発達の援助である。（中略）実際の保育においては、養護と教育が一体となって展開されることに留意する必要がある。

子どもが安心できる環境のもと、くつろいだ雰囲気の中で過ごすことができると、さまざまな欲求を満たすことができるようになり、生命は保持され情緒は安定する。

保育所保育指針
　第2章　保育の内容
　1　乳児保育に関わるねらい及び内容
　　(1) 基本的事項
　　　ア　乳児期の発達については、視覚、聴覚などの感覚や、座る、はう、歩くなどの運動機能が著しく発達し、特定の大人との応答的な関わりを通じて、情緒的な絆が形成されるといった特徴がある。これらの発達の特徴を踏まえて、乳児保育は、愛情豊かに、応答的に行われることが特に必要である。
　　　イ　本項においては、この時期の発達の特徴を踏まえ、乳児保育の「ねらい」及び「内容」については、身体的発達に関する視点「健やかに伸び伸びと育つ」、社会的発達に関する視点「身近な人と気持ちが通じ合う」及び精神的発達に関する視点「身近なものと関わり感性が育つ」としてまとめ、示している。
　　　ウ　本項の各視点において示す保育の内容は、第1章の2に示された養護における「生命の保持」及び「情緒の安定」に関わる保育の内容と、一体となって展開されるものであることに留意が必要である。

---

5. 乳児期の発達の特徴

保育所保育指針の基本的事項で確認をしたように、乳児期の発達特徴としては「運動機能の著しい発達の時期」であり、「特定の大人との応答的な関わりを通じて、情緒的な絆が形成さ

れるといった特徴がある」とある。運動機能の発達と情緒的な絆の形成は、それぞれに分かれて発達するものではなく、同時に発達していく。

　運動機能は、視覚、聴覚、嗅覚、味覚、触覚のいわゆる五感の感覚を基にしながら、感じたことに対して身体を動かすことから始まっていく。そもそも、この身体を動かすということを運動というのだが、運動は、身体の位置感覚や平衡感覚を感じている感覚、すなわち固有感覚の連動を必要とする。生まれた赤ちゃんが、ミルクを飲む時などに自分の手をじっと見ながら、自分で手を動かして手のひらの位置を変えてみたり、指を動かしてみたりする。そしてまた、その動く手をじっと見つめる。このような繰り返しの中で、視覚で見える手に対して、固有感覚により動かしていると感じる手を、不思議そうに見つめながらも、「あぁ、自分の手かなぁ？（もちろん、手なんて言葉は知らないのだろうが）」と認識していく。この行為は、ハンドリガードと呼ばれているが、視覚と固有感覚の連動によりこのような認識がされるわけである。

　赤ちゃんは生まれた後、数ヵ月の間、原始反射といわれる反射がみられる。みられるというよりも、むしろ反射が身体を支配しているようにも思える。ただし、そのことを赤ちゃん自身は不自由には思わない。なぜならば、生まれた時からそのような状態であるわけで、それが不自由であるということを感じることができない。

　反射とは、自己が感じた刺激に対して自動的に応じてしまう行動であり、刺激を感じてから瞬時に反応がみられることも特徴である。たとえば、おっぱいを飲む時は、頬や口の周りに何かが触れれば、そちらの方を向いてしまうような「ルーティング反射」や、乳首が口に含まれれば吸ってしまうような「吸啜反射」、さらに飲んだお乳は「嚥下反射」によって消化器官に流される。このように、生まれた頃の赤ちゃんたちは、飲んでいるというよりも、飲んでしまうという方が、感覚としては正しいように思う。自らが身体を動かしている感覚ではなく、動いてしまっているという感覚ではないだろうか。このような運動を、「不随意運動」といっている。

　数ヵ月もすると、多くの原始反射は消失したり、身体が大きくなることで反射が機能しなくなったりする。その結果、身体は自分の意思で動かすことが可能になる。このことを、「随意運動」といっている。運動は、自己の意思で行うことが可能となり、音がする方を向いたり、目の前のものに手を伸ばしたりする。

　吸啜反射が消失した口は、自己の意思でものを口に含み、舌でなめまわしたり、口の中で味わったりするようになる。口と唇で探索することから「口唇探索」といわれている。口は、当然、顔についている。なめる対象物に顔を近づけるのではなく、多くの場合、顔まで対象物を持ってくることになる。手で対象物を持つことになり、手から口に含むのである。

　原始反射から始まる手の運動は、触れば握ってしまう「把握反射」を特徴とする。往々に、生まれた赤ちゃんは手を軽く握っている。一般的には、把握反射は生後3ヵ月程度で消失することが知られている。そうなれば、随意運動が可能となる。見えたり、聞こえたりするものに対して、自己の意思で腕を伸ばし、手でつかむこととなる。指でものをつかむためには、それぞれの指が向かい合う必要がある。この運動を「把持運動」といい、さらに腕を伸ばして指で

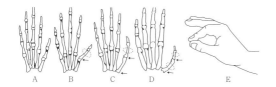

人間のすぐれた骨格装置によって親指の完全な対向性が可能になってくる。収斂する4本の指と向かい合わせにできる親指は、多くの霊長類にもみられる(A〜D)。しかし人間だけが親指と人さし指を完全に向かい合わせることができる(E)。
(Bower, 1986)

図 3-2　把持運動の手（霊長類 ABCD と人間の手 E）

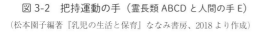
（松本園子編著『乳児の生活と保育』ななみ書房、2018 より作成）

写真 3-1　見えるものは、つかみたくなる

つかむ運動を「到達把持運動」といっている。

　腕を伸ばす行為は、「リーチング」と呼ばれる。よくよく考えてみると、見えたり聞こえたりしたものに対して、腕を伸ばし指でつかむためには、自己の身体の感覚（そこに向かって手を伸ばしている感覚）と共に、そこにそのものがあることを予測しなければならない。停止しているものならばまだしも、随意で運動ができるようになった赤ちゃんたちは、ゆっくりと転がっているボールを取ることもできる。ボールが今の位置から変わることが予測できなければボールに触れることはできない。このことはボールの位置が変わることを予測しているといえる。

　ボールが転がることを予測し、ボールに手を差し出してつかむことは、目で見てちょうど良いタイミングで手を動かさなければならない。このような行為は、視覚と固有感覚、触覚が連動しなければ行うことができない。赤ちゃんたちは生後まもなく、音がする方や何かが動くことを感じたりする方へ、顔は動かせずとも視線を動かすことをする。動かした後も、しばらく動かした対象を凝視する。このように目で追う行為を「追視」と呼んでいる。追視は、動くものに対しても行うことができる。動くものを追従し見ることから「追従追視」と呼ばれている。この追視や追従追視なくしては、対象物を視覚でとらえることはできない。この追従追視が行われながら、原始反射がなくなった赤ちゃんたちは当然、少しずつ随意で動かせるようになった手を使い、今までは視線で追っていた対象物に対して腕を伸ばし手を差し出す。そして、親指と向かい合った人差し指や中指を使い、対象物をつかむ。このような行為は、まず対象物を見て、距離を予測して、手を動かしてつかもうと意識しなくとも、次第にスムーズに行うことが可能になる。このような、一連の身体の動きを「協応化」と呼んでいる。協応化により、自分で自分の身体を動かしているという感覚が生まれてくる。自分の体は、自分の意思で動かせることが当然のこととなり、その身体を動かしている意思を、自己として認識していく。

6. 見えるから見るへ

　生まれてきた赤ちゃんは、最初は仰向けに寝かされている。寝ながら何が見えているのだろうか。選好注視法（好んで見る）を使った視力測定では次のような視力が測定されている。

　『1 か月の乳児では 0.08、2 か月でもあまり変わらず 0.09、3 か月では 0.13、6 か月では 0.17、

1歳になってようやく 0.4 と、視力が 2 か月以降徐々に良くなることがわかりました。生まれた直後の新生児の視力は 0.02 くらいだとも報告されています』（乾、2013）

ということは、赤ちゃんたちは仰向けに寝ながらも、ぼんやりと天井や、そこに映る光や影を見ているのだろうか。同時に、この時期は視覚よりも優位であるとされる聴覚や嗅覚からは、周囲の音や香りを感じているはずである。

写真 3-2　高い所から見る、俯瞰すること
寝返りをし、そのうち、前腕で上半身を支えるようになる。視点は上がり、おのずから遠くが見えるようになる

しかし、生まれてから 3 ヵ月もすれば、寝返りをする赤ちゃんも現れてくる。寝返ることで、仰向きで見えていたものは、まったく見え方が変わる。視力は 2 ヵ月以降徐々に良くなることも考えれば、より遠くが見えてくるのだと思われる。仰向けで天井を見ていた時よりも、寝返りをすることで、首をもたげ周囲を見ると視点が高くなる。高くなることで、ぼんやりとも遠くまで見ることができるようになる。

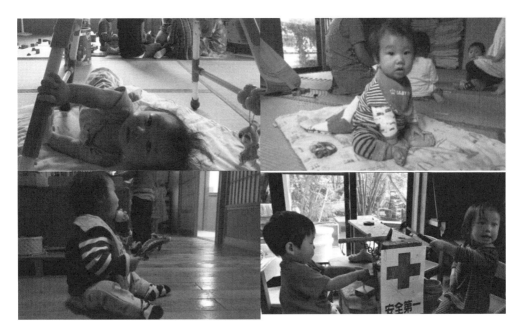

写真 3-3　見えるから見るへ
3 ヵ月の頃は寝返りをしていたが、お座りをするようになり、1 歳 6 ヵ月にもなれば、自分で出かけていき、友だちの様子を見て見よう見まねで金槌を使うようにもなる

遠くが見えるようになるということは、仰向けの時に聞こえていた音や、嗅いできた匂いが、どこからやってきたのかを見ることができるようになるということでもある。その対象に対して、見えていたことから、見ることへ変わっていく。受動から能動へと変わっていくのである。

写真3-3は、赤ちゃんたちのおおよその身体の発達の様子である。おおよそと言ったのは、子

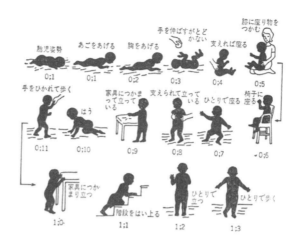

図3-3　乳児の全身運動の発達（シャーレイ）

どもによって違うからである。図3-3のような発達段階の指標を用いる時には、個人差について十分に配慮しなければならない。寝返りをするようになった赤ちゃんは、そのうち座るようになり、はいはいをするようになる。はいはいの次はつかまり立ちをするようになり、生後1年もすれば自分で立って歩くようになる。自立歩行の獲得である。立つことで遠くまで見ることができ、見える者や物に対して自分で移動していくようになるのである。移動した先で、目標としたものを手に持ちなめたり、触わったり、転がしたりと、そのものに触れあう中でそのものの性質を知っていく。このような行為を、一般的には「遊ぶ」という。

写真3-4　触れあう中で知る遊び

大きな子たちが掘ってきたサツマイモを洗ってほしている。そんな様子が聞こえたり見えたりするので、よちよちと歩いて行って、見つけたサツマイモを手で触る。これを遊ぶという

7. 自己認識

随意で体を動かすことができるようになり、自己の身体の感覚と自己の意思が同一のものだと感じるようになると、おそらく、自分がいるという感覚を持つようになるのではないかと思う。体と心が一致すればそれは自分だということである。さて、赤ちゃんたちは、はたして生まれた時からすでに自分がいると感じているのだろうか。

2　保育の中の教育とは　　47

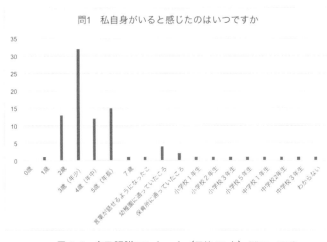

図 3-4 自己認識アンケート（回答 89 名）（溝口、2018）

保育所で日々生活を共にしている3歳や4歳、5歳の子どもたちに、食事をしている時や遊んでいる時に、自己認識の話題を振ってみると、ほとんどの子どもたちが答えられない。「赤ちゃんの時ってどんな感じだった」と聞くのだが、ほとんどの子どもは「わからない」と答える。思い出せないような素振りをみせながら、イライラとしている子もいる。3歳や4歳の子でも、印象深いことであれば1年前のことでも話すのだが、自分が赤ちゃんであった時のことはまったくといっていいほど話すことができない。時に「赤ちゃんの時はこうだったよ」と話す子もいるのだが、よくよく聞いてみると、ママが言っていただとか写真やビデオで見たなどの後天的に印象づいたことであることが多い。

次は、保育を学ぶ学生の皆さんに聞いた結果であるが、保育所の子どもたちとほぼ同様の結果が得られる。

『人間の自己意識は、自分の存在がそのつど1回きりのもので厳密な意味での繰り返しは不可能だという「1回性」、自分は全世界にひとりしかいないという「唯一性」、自分の存在は他人と取り換えることのできないという「交換不能性」などの特徴を伴っていますが、それはこの自己意識が、他人と絶対に共有不可能な歴史によって裏付けられているからです』（木村、2015）

自己意識、すなわち自分がいるという感覚は「1回性」「唯一性」「交換不能性」であるとしたら、赤ちゃんにはそれらがないということがいえるのではないだろうか。そして、「他人と絶対に共有不可能な歴史」の歴史とは、簡単にいえば過去の記憶であるので、自分がいないということは、すなわち、記憶がないといえるのではないであろうか。保育所の子どもたちも、保育を学ぶ学生も、私自身も、赤ちゃんの頃の記憶がないということは、自己意識がない、言いかえれば自己を認識していないということになるのではないか。

では、どのようにして自分がいるということがわかるようになっていくのであろうか。さまざまな研究から、一般的には1歳6ヵ月ぐらいの赤ちゃんは鏡を見て映っているのは自分だとわかるとされている。ルージュテストと呼ばれるような、赤ちゃんの顔に口紅をつけて、鏡を見た時にどのような仕草をするのかを観察する。鏡に映っているのが自分であると認識する赤

ちゃんは、当然鏡に映る自分の顔の鏡像に手を差し伸べるのではなく、自分の顔についた口紅を触ろうとする。鏡に映る姿を認識することから、鏡像認識と呼ばれている。同時にこの鏡像認識は、自分以外の人間がいることに気がついていることを示唆している。なぜならば、鏡に写っているのが自分であるならば、それ以外は他者であるからである。どうやら、生まれた赤ちゃんは、この時期までにある程度の自己認識ができるようになるらしい。自他未分であった赤ちゃんは、自他が分離していくのである。

> **やってみよう！**
>
> Q1：原始反射にはどんなものがあるのかを調べてみよう。
>
> Q2：「自己認識」、私自身がいると感じたのはいつ頃だろうか。なぜ、「いる」と感じたのだろうか。いつ頃の年齢で、どんなことで感じたのかを考えて記述してみよう。

0歳児の保育内容

1．0歳児保育の5領域

　平成29年の保育所保育指針改訂において、新たに0歳児に対して、3つの視点が加わることになった。これは、先に述べたように満3歳以上の保育が、幼稚園教育要領との関係の中で、5領域を内容とする教育的な視点が重要視され、平成20年改訂指針にはなかった新たな視点として、満3歳未満の保育においても5領域を重要視した教育的な内容が必要とされるようになった。

　「子どもは生まれてからすでに有能な学習者である」というような、子ども観の世界的な変化や、OECD（経済協力開発機構）が提唱した「生まれた時ほど強く（Starting Strong）」（乳幼児教育、保育への投資は、重要な社会目標の達成に貢献する）などの世界的な乳幼児教育、保育への関心の高まりも受け、日本の保育制度においても教育としての保育が重要視されることになる。その結果として満3歳未満への5領域による教育が明示された。

　ただし、0歳児保育については0歳児の特性上、5領域のような保育内容の区分での保育は適当ではないとの判断から、5領域を3つに統合させた「3つの視点」が示されることとなった。図3-5は、厚生労働省作成の5領域と3つの視点の関係を示した図である。

　養護を基礎とし、保育士やさまざまな人たちとのかかわりの中で育っていくことは、情緒の安定や安心感を得ると共に、かかわりそのものの中にさまざまな学びの機会がある。生命をつなぐための生活そのものが、学びの機会を創設しその子の育つことを保証していくこととなる。

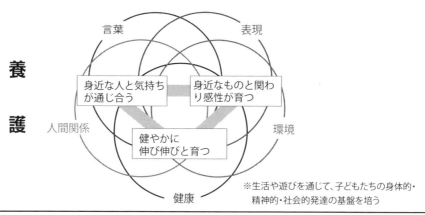

図 3-5　保育所保育指針 0 歳児保育の記載イメージ（厚生労働省資料をもとに作成）

○乳児保育については、生活や遊びが充実することを通して、子どもたちの身体的・精神的・社会的発達の基盤を培うという基本的な考え方を踏まえ、乳児を主体に、「身近な人と気持ちが通じ合う」「身近なものと関わり感性が育つ」「健やかに伸び伸びと育つ」という視点から、保育の内容等を記載。保育現場で取り組みやすいものとなるよう整理・充実。
○「身近な人と気持ちが通じ合う」という視点からは、主に現行指針の「言葉」「人間関係」の領域で示している保育内容との連続性を意識しながら、保育のねらい・内容等について整理・記載。乳児からの働きかけを周囲の大人が受容し、応答的に関与する環境の重要性を踏まえ記載。
○「身近なものと関わり感性が育つ」という視点からは、主に現行指針の「表現」「環境」の領域で示している保育内容との連続性を意識しながら、保育のねらい・内容等について整理・記載。乳児が好奇心を持つような環境構成を意識して記載。

2.「身近な人」「身近なもの」

　保育環境を設定する時に、大きく分けて環境の構成は「人的環境」と「物的環境」に分けて考えると設定がしやすい。人的環境とは、環境の中に存在する人のことであり、保育所で考えれば、保育者、友だち、保護者など、その保育所で生活するすべての人を考えるべきである。保育所によっては、特に乳児においては看護師を配置していたり、調乳や離乳食においては栄養士や調理員とのかかわりも考えられる。そのような人々のかかわりのすべてを人的環境と表している。

　一方、物的環境は人的環境以外の子どもを取り囲むすべてを示す。玩具のみならず、ベビーベッドや哺乳瓶などの食べる、寝る、遊ぶにかかわるものや、カーテンや電灯などの室内の環境などすべての生活環境を物的環境として考えたい。なぜならば、身体に感じている環境の情報から、情動や感情が起こり、身体を動かしていくような行為が主体性といえるからである。見えるもの、聞こえるもの、匂うもの、すべての環境に留意する必要がある。

　乳児保育における 3 つの視点について、具体的にはどのように考えるべきであるか、整理をしたい。まず「身近な人」「身近なもの」とのかかわりと示されている。それぞれは人、ものとあるように「人的環境」、「物的環境」としてとらえることができる。では「身近な」とは何を示しているのであろうか。

　「身近な」は当然ながら、赤ちゃんにとって「身近な」ということであるが、より明確にするために、ここでは図 3-6 を使って考えたい（図 3-6 は佐伯胖による）。ドーナッツのような形で

あることからドーナッツ論と呼ばれる。Iは
赤ちゃんとして示し、YOU的存在は、Iをと
りまく周囲の環境すべてということができる。
YOU的存在はIにとっていつでも周囲にいる
ような存在、「身近な」存在ということである。
YOUではなくYOU的存在とするのは「私に
とってのあなた」ということであろう。そし
て、「あなた」と感じられることは人だけでは
なく、自分がかかわることのできる「もの」に
対しても感じることができる。その意味で「も

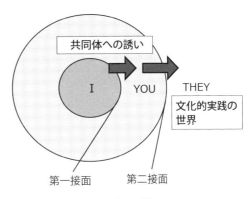

図3-6　ドーナッツ論 (佐伯、2014)

の」も含めてYOU的存在ということができる。いつも一緒に居る人がYOUであり、いつも
身の周りにあるものもYOUである。そしてYOU的存在は、IにとってのYOUであると同時
に、すでにTHEYの一部である。YOUは、THEYという「みんな」の中の一員であり、み
んなが行っている文化の実践者である。例として「なぜ、子どもは箸を使うようになるのか」
を題材にして考えてみよう。

　ドーナッツ論で考えると、YOUは箸を使う文化に居る。なぜ箸を使うかといえば、YOUの
周りにいるTHEYが箸を使うからである。だからYOUも箸を使う。IはYOUと親密な関係
であり、YOUの行為から、おのずから箸を使うようになる。

　当然のようであるが、Iが箸を使うようになるためには、YOUと親密であること、そして、
YOUは文化的な実践者であることが必須条件となる。赤ちゃんが自ら学び、文化的な実践を
行うようになるためには、YOUとTHEYとの関係が必要であることがいえる。保育所保育指
針を読み解き実践するために、この「YOU的な存在」を「身近な」ととらえたいと思う。そ
して、乳児保育の環境構成として「YOU的な存在の人、もの」をどのようなものにしていく
かということが重要なこととなる。

3. アタッチメント

　YOU的な存在を感じるためにはYOUは常に身近なものでなくてはならない。このように、
身近な関係を作るためにはどのように関係を作っていくべきであろうか。アタッチメントとい
う用語を用いて考えてみたい。

　もともとの、日本語では、長く「愛着」と訳されてきたこともあって、アタッチメントと
いう言葉は、親と子どもの間でやりとりされる「愛情」のようなもの、あるいは親子の「情
緒的絆」としてだけ理解されてきたところが多分にあったのかも知れません。もちろん、こ
れらはまったくの誤りということではないのですが、この言葉の元来の意味は、英語の「ア
タッチ」(Attach) そのまま、つまりはくっつくということです。ただし、誰彼構わずくっ
つくということではなくて私たち人が、何らかのネガティヴな感情を経験したときに、身体

的な意味でも、あるいは心理的な意味でも（必ずしも親に限定されない）誰か特定の人にくっつこうとする行動の傾向を指しています（遠藤、2018）。

　本来、アタッチメントとは「愛着」や「情緒的絆」を超え、自己が危機意識を抱えた時に、飛び込んでいけるような存在を指している。言い換えれば「身近な」とはアタッチメントの関係であるといえる。乳児保育の環境は、このアタッチメントの関係を人ともものとも作ることが必要だといえるのだと思う。そこでのＩとＹＯＵは、危機感のない環境、緊張状態でない関係であるといえる。お腹がすいたりおむつがぬれたり、その不快を泣いたり表情で知らせ、その泣きや表情から、私たち保育者は赤ちゃんの状態や気持ちを推測し、より心地の良い方向へ行為をしていく。その積み重ねが、ＩとＹＯＵの間柄に互いが安心できる関係を作っていく。
　そのような積み重ねが可能な環境を作ることが、０歳児保育の環境設定ということになる。そして、このような環境がそろえば、３つの視点の残りの１つ「健やかに伸び伸びと育つ」ことができる。保育所保育指針の示す３つの視点は、要約すれば、身近な人、ものとかかわることで、健やかに伸び伸びと育つことであり、それが０歳児の保育の内容といえるのだと思う。

4．身近な人と気持ちが通じ合う

　保護者から離れた赤ちゃんは、抱かれ、負ぶわれ、授乳され、日々の生活の中でまずは保育者を「身近な」存在として感じていくのだろう。では、そのかかわり方はどのようにしていけばよいのだろうか。赤ちゃんの泣きの研究（Sander, L.W.）から大藪泰は次のような推測をしている。

　　泣けばすぐにベッドから連れだしてくれその回数も多いのだけれど、１回に短い時間しか相手にしてくれない保育者より、連れだしてくれるまでの時間が長くかかり、回数が少なくても、１度ベッドから抱き上げればじっくり面倒をみてくれる保育者に育てられた赤ちゃんの泣きの方が少なかったということです。
　　赤ちゃんは、泣いたらすぐに抱きあげ、回数も多く相手をしてくれる保育者より、少し待たされてもじっくり相手をしてくれる保育者のほうが安心できるのでしょう（大藪、2013）。

　保育者のかかわり方として重要な示唆をしていると思われる。抱っこやおんぶ、授乳やおむつを替える技術よりも、じっくりと相手をしてくれる保育者に対して、赤ちゃんは安心して過ごすことができるというのである。これは、日々保育をしている中で実際によくみられる光景でもある。知識や技術が先行する保育者よりも、一見もたもたとおぼつかなくはみえるものの、その子にじっくりとかかわる保育者に対して、子どもは「身近な」存在として感じているようにみえる。保育者の丁寧さとは、そのような行為を示すのだと思う。

5. 2項関係から3項関係へ

　赤ちゃんたちは8ヵ月〜9ヵ月頃になると、3項関係を結ぶようになるといわれる。それまで赤ちゃんたちは、者や物を見た時には赤ちゃんから者が見える、赤ちゃんから物が見えるというような2項の関係であるが、徐々に3項の関係になっていくといわれている。赤ちゃんは、者が見えれば、身近な存在、言い換えればYOUに対してその表情を見る。また同一に、物が見えればまた、身近な存在、YOUの表情をやはり見る。YOU自体が、赤ちゃんと同じものを見ていることを前提とするために、共同注視（Joint attention）といわれている。

　YOUの表情を見ることによって、赤ちゃんたちは何をしているのであろうか。実は、同じものを見た時に、YOUがどのように感じているのかを、YOUの表情から推測するというのである。YOUの表情から、見えた者や物の性質をつかみ取ろうとするのである。たとえば、おいしそうなリンゴが見えれば、YOUはおいしそうな顔をする。YOUにとって害のあるもではない、なので、自分にとっても害はないというように、YOUの表情から推測するのである。このことは、社会的参照といわれている。自己にとって、自己の周りにあるものを有用であるかそうでないかを認識していくことが認知といえるが、まさにYOUを通じてその判断を行っているのである。

　YOUは、文化的な実践者であることから、その同一の文化を持つ集団の規範（ルール）についても、その判断の基準を持っている。お箸を、フォークのように使う場面に出くわせば嫌な顔をするであろう。テーブルの上に上り、遊び始めれば、やはり嫌な顔をするだろう。このように、YOUの表情はYOUの周囲、言い換えるとTHEYの持つ規範を基に現れるわけで、当然、Iである赤ちゃんも、その表情を参照して自己の行為の基準としていくわけである。

　少なくとも、規範や道徳は、保育者や大人が教えることで身につくのではなく、いつも一緒にいるYOUのTHEYでの文化的な実践が、社会的参照のもとに影響をしていくのである。この意味で、保育者である私たちは、THEYであることとそこでのふるまい方が、重要であることが理解できると思う。

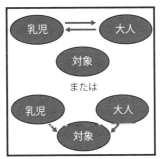 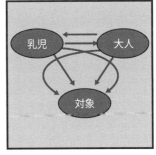

図3-7　2項関係から3項関係へ（生後8ヵ月〜9ヵ月頃）
(Tommasello,1993より作成)

6. 先を推測する

　イギリスの神経科学者のデービット・マーは見えるということについて次のように説明している。

　　『視覚機能は二次元の網膜像から外界の立体構造や状態を推測することである』とし、そ

の推測の過程を2段階に分けている。

『第一段階では、今見えている物体の表面の凹凸構造を推測します。そして第二段階では、見えていない面も含めて物体の位置構造を頭の中で作り出し、知識として記憶します』（乾、2013）

見えることは、見えない部分も含めて推測することだとしている。私たちが立体視できる仕組みは、この推測する機能によって成り立つというのである。赤ちゃんたちと過ごしていると、多くのことを推測しているようにみえる。先述したような、赤ちゃんたちの身体の動き、たとえば、追従追視や到達把持運動などは、動いている者や物を対象にすることから、その動きの先を推測しない限り行為はできない。さらに、動きに対しての推測だけではないようでもある。

生後14ヵ月および18ヵ月の幼児が、さっきはじめて会ったばかりの、血縁のないおとなに対面したとしましょう。そのおとながちょっとした問題に遭遇していると、幼児は、そのおとなの問題解決を援助してくれます。――手の届かないものを取ってあげることから、手がふさがっているときに戸棚の扉を開けてあげることまで。ある研究では、テストに参加した24人の18か月児のうち23人が少なくとも1回の援助を、しかもたいていの場合即座に行いました。（トマセロ、2013）

利他的にふるまうことにも驚くかもしれないが、保育所の子どもたちにもこのような場面をよく見かける。ましてや、問題に遭遇している大人が、その先何をしたいのかが予測できなければ、取ってくれることも、扉を開けることもできないのではないだろうか。自分ではない他者の、これから先のちょっとした未来に対して、何をしたいのかを推測しているというわけである。三項関係について先に記したが、実際には「ポップコーンが見える」という状況はあまりない。そのポップコーンは、常に事象にさらされているからである。図3-8のように、ポッ

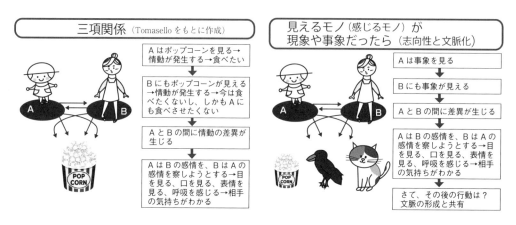

図3-8 三項関係は物語にも生じる

プコーンを食べにカラスがやってきて、それを見た猫が追いかけるというような、物語がそこには起こっている。その物語に対して、YOUの表情を参照している。参照しながらも、すでに物語は進行しているわけで、その進行していく先の予測も含めて、赤ちゃんたちはYOUとの関係を築いているように感じる。

7．0歳児保育の実践例

　保育所保育指針と絡めながら今まで述べてきた赤ちゃんたちの様子は、発達のうちのごく一部である。このように、発達はすべて自己をとりまく環境との関係の中にある。乳児保育の環境は、このような発達を保証すべき環境でなくてはならない。保育は養護という生命の保持の保証と共に、食べて寝て遊び、他者とのかかわりの中で、その子がその子そのものとして成長していくことを保証しなければならない。当然、生命の危機をもたらすような、危険な環境であってはならないわけであるが、同時に自らの欲求を自ら満たしていくような環境でもなくてはならない。見えるものは手に取り、口にもっていきなめる。つかまり立ちをするようになれば、まだ安定しない状態で立ち上がり、時には「どたっ」としりもちをつく。行為のすべては、自ら欲する欲求であり、自らの欲求は自らの身体を用いて、満たしていく。環境から、誤飲や誤食を防ぐためにそういったものを排除したり、転倒して転んでも怪我をしないように、保育所の床をスポンジなどの軟質なものにしてみたりと工夫をすることは大事であるが、行き過ぎた安全への配慮は、今まで述べてきたような発達の保証を、むしろ阻害してしまうのではないであろうか。安全、安心な環境であると共に、発達の保証や、その機会に満ちあふれた乳児の環境でありたいものである。

　生活の中のどのような場面において、赤ちゃんたちは発達をしているのか。家庭ではない、保育所での育ちの特徴を「身近な人との関係」「身近なものとの関係」という保育所保育指針の用語から、実際の保育実践としてその一部を掲げてみる。

（1）身近な人との関係

　YOU的な存在は日常の生活の中で作られる。おおよその、いつもいる集団のメンバーが同じであるならば、それらをYOU的な存在として赤ちゃんは認識しているように思う。保育所によっては、このYOU的な存在との関係を重視し、個別の赤ちゃんに対して担当制を設けているところもある。また、小規模保育事業、家庭的保育事業などの比較的子どもの人数が少なく保育士の人数も少ない保育事業や、もちろん保育所においても、その子にかかわるすべての保育者が担当であるというような保育方法もみられる。いずれの方法においても、保育者との密接な関係は重要であり、身近な存在として保育者がかかわることが肝要である。

（2）授乳の場面

　レム睡眠、ノンレム睡眠の周期からおおよそ3時間おきくらいに、赤ちゃんは泣いたりむずかったりする。保育者はその様子から、赤ちゃんの心情を察して授乳をするのである。定期的

写真 3-5 授乳時のかかわり
授乳はただお腹を満たしているだけではない

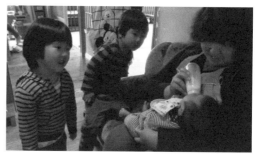
写真 3-6 周囲との関係
授乳は保育者だけを YOU 的関係とするのではない。そこに一緒に暮らす他者をも YOU 的関係としていく。この自分より少しだけ大きな子どもたちから、今後、さまざまなことを学んでいく

な時間を決めて授乳を行う時間授乳に対して、このように赤ちゃんの様子から保育者や養育者が察して授乳をすることを「自律授乳」と呼んでいる。

写真 3-7 食卓を囲む
保育者との1対1での食事も大切だが、保育所ならではの異年齢での食卓もまた、育ちの上では意味がある（左下の赤ちゃんは生後9ヵ月）

空腹による不快感は同時に不安をもたらしている。授乳することでお腹は満たされ、その不快感は快に変わる。この変化をもたらす YOU こそが身近な存在であり、身近な人とのかかわりの第一歩といえる。写真の赤ちゃんはミルクを飲みながらこちらを見ている。この後赤ちゃんはミルクを飲みながら、ミルクを与えている保育者の目をほんの少しの時間ではあるが、見つめ視線を合わせた。

赤ちゃんは、保育者も「こちら」を見たことを前提とし、自分に見えたものの性質を、保育者の目や表情から探っているのである。三項関係と社会的参照は、実際には日常のこんなかかわりの中にある。お腹がすいたという生理的欲求を満たすために授乳をしているだけではなく、授乳の行為の中に赤ちゃんが育っていくためのさまざまな機会が含まれているのである。

(3) 食事（離乳食）の場面

生後、6ヵ月もしてくると離乳食が始

まる。家庭で先行することが望ましいが、保育所での生活の様子から保護者に離乳食のタイミングを知らせたりもする。他者の食事の様子に少しずつ関心が出てくる頃であり、食べ物や飲み物に対して手を出したりするようになる。また、よだれを垂らし、食べる意欲や食べられる身体の状況であることも表すようになる。

　家庭と違い保育所の食卓は、同じぐらいの月齢の子や、異年齢での保育であれば自分よりも大きな子たちが一緒に食事をとっている。もちろん、落ち着いて離乳食を食べられるように配慮することは大切であるが、離乳食に慣れてきた頃には、さまざまな子どもたちが食卓を囲むことも保育所ならではの食事の良さともいえる。特に、小規模保育事業、家庭的保育事業などの保育では、その規模や保育所の環境から、落ち着いた雰囲気でありながらも異年齢での保育を実践し、そのような食事の環境を作ることも十分に可能である。

(4) 遊びの場面〜応答的な反応〜

　生まれてからの日数の少ない赤ちゃんは、ベビーベッドや乳児用の布団の上で、おおよそは仰向けになって天井の方向を見ていることが多い。しかし、腕や足をしきりに動かしてみようとしている。最初はただ動かしているようにみえるが、だんだんとその動かし方にリズムがあることがわかってくる。人の声が聞こえたり、何かの音が聞こえたりすると、しきりに手足を動かそうとしている。赤ちゃんに対し保育者が話しかけると、手足をばたばたとばたつかせ

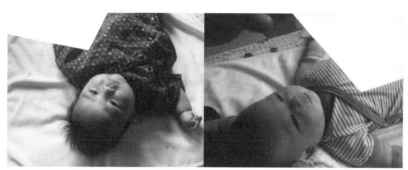

写真 3-8　人志向性
生後3ヵ月（写真左）、生後4ヵ月（写真右）の赤ちゃんに、人の写真を見せると、じっくりと見る

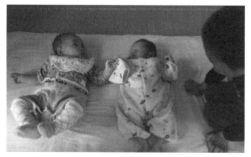

写真 3-9　応答的な関係
左側の写真は生後1ヵ月の赤ちゃん。隣にいる大きな子（3歳児）にあやされると、手足を動かす。右側の写真は生後6ヵ月の赤ちゃん。大きな子（3歳児）と一緒に遊んでいる。大きな子が赤ちゃんに対して働きかけると、手足をばたつかせたり、声を出したり、時には微笑んだりして、相互のやり取りをしている

る。しばらく保育者が黙っていると、まるで催促をするようにまた、手足をばたつかせる。保育者は「そう、お話が楽しいのね」などと、また赤ちゃんに対して話しかける。この相互の作用と繰り返しが、最初の遊びといってよいのかもしれない。とにかく、保育者がじっくりと応答的にかかわることで、まるで会話をしているように相互の関係ができてくる。

　この相互関係は、保育者のみならず周囲にいつもいるような YOU 的存在とも可能である。特に人に対しては、生まれた時から特別な興味を赤ちゃんたちは持っているようである。人志向性などと呼ばれている。

　保育者だけではなく、周囲にいる自分より大きな子たちとも応答的に関係を始める。家庭では、母子や父子での応答的関係は結ぶことができるが、保育所では母子や父子以外の他者との応答的な関係を結ぶことができる。この他者との応答的な関係は、その後の友だちとのかかわりの芽生えであり、自己認識が持てるようになる頃には、自分ではない他者の感情を読み取ることと大きく関係しているように思える。

　自己で動けるようになってくると、応答的な関係は、者に対してだけではなく、物に対しても行うようになる。自己をとりまく環境の、見えたり、聞こえたり、匂ったりする物に対して、手を伸ばしてつかもうとする。音がしたり、転がったりすることを、何度も繰り返し、そのものの性質を確認しているようにみえる。同時に、「こうすればこうなる」というような因果関係を体で感じているようにみえる。このことは、時間の先を予測していくことに関係していく。なぜならば、「こうすればこうなる」という経験がない限り、そのものがその後どうなるかは、予測のしようがないからである。

　予測することは、その物を使うのはなんのためなのかを学ばせる。YOU 的な存在から使う方法を模倣するだけでなく、YOU 的な存在の行為から、その物を使うと何が起こるのかも予測させるのではないだろうか。使い方だけの模倣は「行動の模倣」と呼ばれることに対して、その物を使うことで何が起こるのかまでを予測し模倣するような行為を「意図の模倣」という。実際の遊びの中では、こ

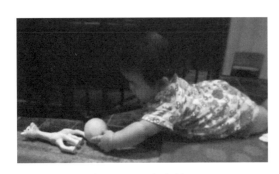

写真 3-10　予測と把持
転がるボールをつかむ。ボールが転がることや、転がる先が予測できないと、タイミングよくつかむことはできないはずである。親指と人差し指や中指でつまむ

写真 3-11　なぜ道具を使うようになるのだろう
11ヵ月の赤ちゃんが、鉛筆を使い文字（もちろん文字にはならないが）を書こうとしている

の両面が存在しているように感じる。

　写真3-11にあるように毎日一緒にいる周囲の者や物との関係の中で、その者が行っている行為そのものや、その行為の意図を予測して模倣するようになる。模倣というよりも、その者や物に対して、自分自身も同じというような、共振や共感から同一の行為をするようにみえる。いずれにしても、YOU的な存在がいつでも周りにいることが重要である。写真3-11は11ヵ月の赤ちゃんが、鉛筆を使い文字（もちろん、文字にはならないが）を書こうとしている。いつも一緒にいる大きな子たちが、絵や文字や記号などを書いていることを見ている。鉛筆は何かを書く物であり、たとえば、箸にしたり、投げて遊んだりは最初からしない。もちろん、口にもっていって口唇探索し、なめることはする。

(5) 遊ぶ～事象の中で～

　安全で衛生的な室内の環境で過ごすことも大切ではあるが、戸外に出ることでさまざまな事象を体感することができる。大都市の中心であろうが、田畑や森林がたくさん見られるような環境であろうが、どこにおいても、風や光、温度や湿度の揺らぎは、戸外であれば必ず起こるものである。子どもたちは、その揺らぎを全身で感じている。

　揺らぐことは、停止をしない。動いては止まり、また、動き出す。キラキラと輝く水や、ざわざわとざわめく木の葉、もくもくと空に立ち上がっていく入道雲、そんな自然の事象は、常にその形を変えていく。赤ちゃんたちも、そのうつろいゆく事象に対し、五感を通じて感じながら、うつろいゆく先を予測するのである。

　面白そうな遊具のある公園や園庭でなくとも、川が流れ海や山が見え、木々が生い茂るような自然豊かな環境でなくとも、都会のちょっとした植え込みや街路樹のような、そんな身近な環境においても、事象は十分に感じることができる。保育者が、どのような視点を持つのかによって、周囲の環境は保育に生かされていくといえる。

写真3-12　戸外で事象を体感
散歩に出かけようと乳母車に乗っている。保育所の壁に映る木陰と、風に揺れる葉っぱをじっと見つめている。風が吹くと葉っぱが揺れ、それによって壁に映る影も揺れることの因果関係を不思議そうに見つめている

1歳児から3歳児の保育

1. 1歳児から3歳児の発達の特徴～超日リズムから概日リズムへ～

　生まれた赤ちゃんたちは、1歳をむかえる頃になると、生活のリズムが一定してくる。ノンレム睡眠が多く、1日のうちの多くを睡眠で過ごしていた新生児が、1歳を過ぎてくると、夜

にぐっすりと寝て、昼間は午前寝や午睡の数時間という睡眠の周期に移行してくる。人間の持つ体内時計は1日、24時間11分とされているが、まさしく、そのような周期性をもって日々、生活していくようになる。超日リズム（ウルトラ・サーカーディアン・リズム：1日が24時間周期ではなく、寝たり起きたりを繰り返す）から、1日が24時間である概日リズム（サーカーディアン・リズム）に変化するのである。

生活のリズムが24時間となることは、さまざまな変化をもたらしていく。YOU的存在であった周囲の人たちは、すでに最初から24時間の周期により、日々生活をしている。1歳を過ぎた赤ちゃんたちは、その生活リズムと同一になってくるのである。

たとえば、食事においても、まだまだ母乳やミルクで栄養摂取をすべき時期でもあるが、周囲の人たちと同じように食事をとるようになる。離乳食は、1歳前には1日3回食事するような3回食が多くなり、離乳食の食材や形態も、前歯がそろい歯で噛むことができるようになることから、食べやすい硬さであることには留意する必要はあるが、周囲の人たちと同じような食材、形態へと移行していく。3回の食事を、同じような食材で味わうことができるようになる。同じ食卓を囲むことは、周囲の人たちの食事の様子を見ることになる。日本の文化（文化的実践、THEY）であるならば、周囲の人たちが箸を使う様子を見るであろうし、茶わんや汁椀を手に持って食事をすることも目にするであろう。同一の生活リズムは、このような文化的実践を周囲の人たち（YOU的存在）から、取り込んでいく機会の最初となるのである。発達心理学者の浜田寿美男は子どもについて、次のように述べている。

　つまり子どもは、それそのものは自然だが、しかし同時に、文化をまとった大人とのセットで、この人生をはじめる（浜田、2009）。

24時間の周期性をもった1日の生活は、同じ24時間の1日の生活をしている文化的実践者、すなわち周囲の人々とのかかわりの中で、人としての発達をしていくわけである。保育所での生活は、24時間のうちの多くを占めている。家庭との連続した生活は、24時間の周期の生活を築いていくうえで重要であり、保育所の生活と家庭での生活が連続していることが重要にな

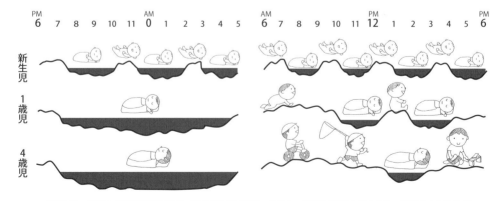

図 3-9　年齢と睡眠内容の変化（井上章次郎『早寝、早起き、本当に必要？』草土文化、1999をもとに作成）

るのである。保育所と家庭が、保育者と保護者が密接な関係を保つことは、子どもの育ちの保証には欠かせないことがわかる。

2．鏡に映る自分がわかるようになる～鏡像認識～

1歳も半年ぐらいを過ぎてくると、鏡に映る自分がわかるようになるという。鏡の自分がわかるので鏡像認識と呼ばれている。実際に、赤ちゃんたちも日々過ごす環境の中に鏡があると、鏡をじっと見つめるようになる。先述したルージュテストで、鏡像が誰であるのかを知っているかどうかと行った反応を確認することができるのである。

自分の顔が映っているということがわかるということは、自分自身が存在していることを理解しているということにつながる。自分の思っていること（意思）は、自分の体で実現ができる（行為）ことがわかり、こころとからだが一体のものであることが「わかる」ということである。自己認識である。自己認識は同時に、自分ではない他者がいることも「わかる」ようになる。なぜならば、自分の意思では動かせない他者がいることに気がつくからである。ここではじめて、意思を疎通させる必要が出てくる。泣いたりむずかったりすると、受動的に保育者や他者がかかわり、抱っこやおんぶをしたり、ミルクを飲ませてくれていた時期から、自分ではない他者に向かい、能動的に働きかけるような時期へと変化するのである。これは、今までの応答的な関係で培われてきた相互のやり取りが、前提となると思われる。一方的に働きかけるのではなく、働きかけては他者の表情や行為を読み取り、その読み取りに対して新たな働きかけをするのである。喃語から派生していく会話も、相互のやり取りがなければ発達はしていかないだろう。

3．Like me と Different from me ～私と一緒、私と違う～

他者がいるということは、そこに自分とは違う意思があるということである。このことは、他者と共に生きていく存在である人間にとって、極めて重要である。乳児期の一番重要な発達ではないかと思われる。体は、皮膚を境にしてその内と外を分けている。一般的に、私たちはその皮膚の内側を自分といい、その皮膚の外側にあるものを他者とする。

触覚とは、皮膚を境にし身体の外からの入力に対しては触られている感覚、一方、皮膚の内側から入力される感覚に対しては触っている感覚によって成立をしている。つまり、触られている受動と、触っている能動の両面で成立している。このような両面的な感覚はダブルタッチと呼ばれている。

先述したように、赤ちゃんは自動車の玩具よりも、目と口のある人形やぬいぐるみを好む。そして、うさぎや熊のぬいぐるみよりも人のぬいぐるみの方を好む傾向がみられる。実際の保育の中でも、このような光景は日常的に目にすることができる。このように赤ちゃんが目や口、人の顔を選びよく見る、いわゆる選好注視することはさまざまな実験で確認されている。しかしなぜ、鏡に映る自分がわからない頃から、人の顔を認識できるのであろうか。また、保育者や保護者、人形の口や鼻が、見たこともない自分の顔（鏡に映っていても自分とはわからない

のだから）と同じように配列されていることがわかるのであろうか。

　『胎児は頻繁に手と顔のダブルタッチをしていることがわかります』『手の触覚ニューロンによって顔の凸凹形状情報を、顔の触覚ニューロンによってそれぞれの凸凹の位置関係を捉えるのだ、と。これら二種類の情報が脳内で統合され、コンスペック（同様の生物の基本的なパターン）の基になる顔の情報構造になる』(乾、2013)

　目や鼻の位置や凸凹のような自分の顔の基本情報は、鏡を見なくとも、胎内で手を使い感じているという。結果として目や鼻の位置が同じ基本構造を持つ人間を認識し選好注視するという。
　コンスペックにより赤ちゃんが注視している周囲の人たちは協働で行為をする。その結果、協働する行為をいつも目のあたりにしているのである。保育所にいれば、ご飯を食べたり、トイレに行ったり、そんな他者の行為をじっと見ているのである。
　自他を同一視しているような状態「私とあなたは同じ」「私みたい」を、アメリカの心理学者アンドルー・メルツォフはLike-meシステムと名づけている。そして、私みたいな他者との間に、自己と他者を同一視することで表象（たとえば、物を見た時にそのイメージがわいてくる。リンゴが見えると味を想像する）を共有するのではないかとした。だから、私たちはリンゴを見た時に、リンゴの味を他者と共有することができる。このことは、能動的異種情報間写像理論（active intermodal mapping theory：AMI）と呼ばれている。

　『like-meシステムは他者の動作を自己の運動指令に置き換えて、他者の行為の模倣や行為の意図を自己の体を使って理解するシステムでした。それはいわば、自己と他者の境界が取り払われて自己と他者を混同した状態ですから、これだけでは一種の混乱状態になってしまいます。そこで自分はあの人とはちがう個体であるという認識が重要になります。そのためにはlike-meシステムがdifferent-from-meシステムによって直接または間接的に抑制される必要があります』(乾、2013)

　赤ちゃんたちは、私みたい（like-me）、あなたと私は一緒ということであるが、言い換えれば主客未分、内外未分な状態であるが、だんだんと私とは違う（different-from-me）という意識を働かせ始めさせることによって、自己と他者を分離し始めるという。1歳児頃から起こり始める、このような発達は、この時期に極めて重要な特徴であると思われる。自己認識は、このような仕組みから起こると考えられ、そのことによって他者の気持ちを思い図るようになるからである。

4. からだの特徴、こころの特徴
　はいはいからつかまり立ちをし、そして、一歩、二歩と歩くようになった赤ちゃんたちは、

1歳から2歳の間ぐらいには、安定した歩行をするようになる。歩いては止まり、また歩く姿は、歩くことそのものを楽しんでいるようにみえる。歩くことは、常に視界を変化させる。歩くことでさまざまな事象に触れあうことになる。段差や階段など、自分よりも高いところに向かい、手を伸ばしたり、何とかよじ登ってみたりもするようになる。登ることはできても、降りることは難しく、困っているようなことも多々、保育の中でみられる。

　この頃になると、視覚と手は協応して操作することが上手になる。器用に手先を動かし始める。今まではただ握っていただけの手や指を上手に動かし、積み木をつかんでは積んでみようとしたり、ブロックやパズルボックスなどを自分の思うところへ積んだり、ボックスの中に落としたりする。手に持っては口に運び、運んだものをなめていた口唇探索は徐々にみられなくなる。能動的に動かせるようになった手を使い、口に含まずとも、そのものの性質を確かめているようにみえる。動かすことが得意になってきた手は、他者との応答的なやり取りの中で、言葉を用いながら体を動かすことを始める。不明瞭であるが喃語を伴いながら「バイバイ」と手を振ってみたり、名前を呼ばれると「はーい」と返事をしたりもする。ただし、他者の名前を呼んでも返事のように応答する。このことから、名前を理解しているということよりも、応答的な反応として、能動的に動かせるようになったからだと喃語を用いているようにみえる。

　喃語や簡単なことばを用いながら、応答的に対応することは人志向性と大きく関連している。YOU 的な存在といつも一緒に居ることを好み、その中で同一の道具や物を用いた共有の遊びが増えてくる。大きな子の遊ぶ「おうちごっこ」や「ままごと」の中で、役割を演じて遊んでいるわけではないが、その空間を一緒に共有しているような姿が増えてくる。

　2歳から3歳になれば、このようなやり取りは、ことばを用いながら自己の意思を表し、共に遊びを共有することが恒常的となり、互いに意思を伝えながら遊んでいることそのものを、楽しいと感じているのではないだろうか。0歳児の頃から生活を共にし、多くのことを他者と共有している子どもたちほど、このような遊びの際にも、その遊びに「いれて」「どうぞ」ということばによる契約を行わないように思う。それは、主客未分であったlike-meから他者と分離してきたことに起因すると思われる。「すっと」他者との関係に入り、「やーめた」という契約解除もないままに、遊びに満足すれば抜けていく。このことは、自己が他者から排除されることは絶対的にないという確信につながるように思う。他者に対しての恐れから関係を築くのではなく、他者に対しての絶対的信頼から関係を築くことがこのように表れるのだと思う。嫌われないように関係を保つのではなく、一緒に居たいので関係を築くというわけであり、自己肯定感の獲得にもつながるのであろう。

　図3-10は、エリク・H・エリクソンによる「アイデンティティのエピジェネシス」といわれる図であるが、乳幼児期は信頼と不信が葛藤し、信頼が不信を上回ることがアイデンティティ（自我）の形成には重要であるとしている。親からの信頼の重要性は想像しやすいことではあるが、同時に、YOU 的な存在である他者との信頼もアイデンティティの形成には重要であると考えるべきであろう。保育所で育つということは、このような他者との関係を形成することが可能な場といえる。社会の中で YOU 的な存在を作ることが難しい昨今において、保

	1	2	3	4	5	6	7	8
老年期 Ⅷ								インテグリティ 対 絶望
成人期 Ⅶ							ジェネラティヴィティ 対 停滞	
前成人期 Ⅵ						親密 対 孤立		
青年期 Ⅴ	時間的展望 対 時間意識の混乱	自己確信 対 自己意識	役割実験 対 役割の固定	徒弟期間 対 労働麻痺	アイデンティティ 対 アイデンティティ混乱	性の両極化 対 両性愛的混乱	指導者—追随者的関係 対 権威の混乱	イデオロギーへのコミットメント 対 価値の混乱
学童期 Ⅳ				勤勉 対 劣等感	仕事への同一化 対 無益感			
幼児期後期 Ⅲ			自主性 対 罪の意識		役割への期待 対 役割抑制			
幼児期初期 Ⅱ		自律 対 恥、疑惑			自分自身でありたいという意志 対 自己不信			
乳児期 Ⅰ	信頼 対 不信				相互承認 対 自閉的孤立			

図3-10 アイデンティティのエピジェネシス（エリクソン、1977 をもとに作成）

育所の、特に乳児保育において重要な意味を持つことであると考えられる。ちなみに、アイデンティティ（自我）の形成とは、教育基本法第1条、教育の目的である「人格の完成を目指す」と同義であると解釈したい。

5. 1歳児から3歳未満児の保育内容

　保育所保育指針において、0歳児の保育の内容については3つの視点、すなわち「身近な人と気持ちが通じ合う」「身近なものと関わり感性が育つ」「健やかに伸び伸びと育つ」であるが、それらを基にしながら、1歳児以上においては「健康」「人間関係」「環境」「言葉」「表現」のいわゆる5領域としてとらえるようになる。もちろん、それらは子どもの主体的な生活の中で包括的に行われることであり、養護と保育が一体となって展開されることが明記されている。
　図3-11で示すように0歳児が人的環境、物的環境に対して身近な関係を作り、その中で育つことを教育として示したわけであるが、1歳児以上についても、その関係から5領域に区分されていることに留意をしなければならない。赤ちゃんと環境の関係を重視し、1歳児以上においても、その延長に保育内容の区分上5領域として示されていることを鑑み、保育の計画を立案、実行していきたいものである。5領域を実践していくために保育があるのではなく、あ

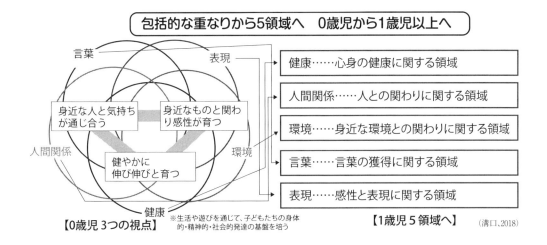

図 3-11　0 歳児から 1 歳児へ （保育所保育指針をもとに作成）

くまでも子どもの主体的な行為を区分してみると、5領域に区分されていくというような視点が必要であると思われる。そうでなければ、乳児期の子どもたちに対しても、体を作るために散歩に出かけたり、食育をすることで食事を楽しむことを知ったりと、保育者や大人主導の保育に変換されてしまう恐れがあるからである。歩くことが楽しく、その結果、体が丈夫になっていったり、食べたいという欲求から食卓を囲む行為が好きになったり、子どもの主体性から学びが生じていく構造を保ちたいものである。健康のために何かをする、人間関係のために何かをするのではなく、子どもが生活したり遊んだりする中で、保育者や友だちなどの周囲の人と物の関係から、健康も人間関係も、環境も言葉も表現も、豊かになっていくというようなイメージをもって保育にあたることが重要であると思われる。

6. 1歳児から3歳未満児の保育実践例
（1）散歩に出かける～事象とのふれあい～

　歩いたり、登ったり、飛んだり跳ねたり、自己の体を自己の意思で動かす、身体の協応化が嬉しい時期である。室内で過ごすだけではなく、戸外に出かけてさまざまな事象とふれあいたい。どんな環境であっても、どんな規模の保育所であっても、戸外で感じる事象は、それぞれに変化にとんだざまざまなものがある。寒い、暑いなどの気象も含め、四季折々にうつろいゆく環境は、日本のどこにおいても戸外であれば感じることが可能である。

　事象は、天候や木や虫などの自然だけではない。そこに生活するさまざまな人たちの活動も、事象の1つだといえる。散歩に出かけると子どもたちに対し、「かわいいねぇ、小さいね」と誰かが声をかけてくれる。特に赤ちゃんに対しては、愛情いっぱいに声をかけてくれる周囲の人たちが大勢いる。商店街や複合ビル、駅ビルや駅周辺などにも保育所が作られている中で、その立地を生かし事象とふれあっていきたいものである。

　散歩に出かける時は、安全への配慮は十分にしたい。危険個所や交通への留意だけでなく、

天候や気温、湿度などにも十分な配慮が必要である。特に乳児期は、急激な気温の変化や湿度の変化に対応しにくく、体調を崩したり時には重篤な症状を引き起こすことにもつながる危険がある。夏場では気温よりも、地面付近の温度はかなり高温になる。子どもたちは保育者よりも1メートル近くも地面に近い位置にいることを、常に気にかける必要がある。また、適宜休息を取り、お茶などの水分補給をし、糖分や塩分を摂取できるような簡単なおやつを準備し、休息時に食べたりもする。

　冬場では、朝夕は冷え込むものの、日差しのある日中は意外に気温が高くなる。また、歩くことで代謝が活発になり、子どもたちの体温も上昇する。ナイロン製の防寒着などは、熱を逃がしにくく、汗ばむことがある。防寒着を脱ぎ、急速に汗が引くと、気化熱で体が急速に冷え込む。散歩では、汗ばむ前に防寒着を脱ぎ、少し肌寒いくらいの感覚で歩く方が歩きやすいだろう。ただし、防寒着は持参することが重要である。雲がかかり太陽光が陰ると、気温は日中でも急速に下がるからである。また、秋の夕刻は冬場よりも早く陽が沈み、急激に冷え込むことから、気分転換などのちょっとした散歩についても、暖かい身支度ができるようにしておく必要がある。

　以下は散歩に出かけるために行いたい準備の一例である。

【園との連携】
- 園外保育実施記録や安全確認簿の準備
- 事故の際のマニュアル作成。意思決定者（園長、主任など）との伝達、連絡方法、対処者（引率者）などの役割の明確化

【園外保育実施時】
- 日案などの指導計画・引率者氏名・人数、子ども人数の把握と意思決定者（園長、主任など）への伝達
- 園外保育記録簿記入
- 園外保育参加者（子ども）の体調把握
- 引率者間での情報共有（行き先、行程、目的、子ども人数、子ども体調、危険個所など）

【引率者持ち物】
- 園外保育用リュックサック（内容：数組の子ども着替え、医薬品、虫よけスプレー、ビニール袋一箱、三角巾、ポイズンリムーバー（毒抜き）、ティッシュペーパー一箱、おしりふき一箱）、ナイフなどの刃物、鈴、笛
- 携帯電話やスマートフォン
- 水筒（子ども水分補給用）
- 記録用カメラ

　乳児においては、ベビーカーや乳母車、また避難車などを保育者が押しながら散歩に出かけることが多い。1歳児や2歳児になると、自分で歩きたいという欲求は一層強くなり、安全な場所では十分にその欲求を満たしたくなる。安全に歩くためには、保育者の位置が重要である。手をつないで歩いたり、誘導ロープを用いたりして、安全に歩行ができるように留意したい。一方、安全に歩けるような場所であれば、手を放しそれぞれに歩き、それぞれのペースでの欲求を満たす行為も大切である。次に、実際の散歩での保育者の位置の一例を示したい。

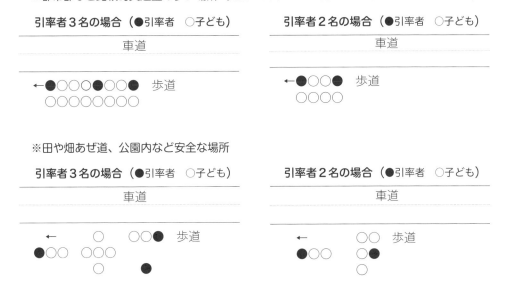

【園外保育歩行時の引率者の位置】
※都市部など比較的交通量の多い場所（見通しが良いように列になり、保育者は車道側を歩く）

※田や畑あぜ道、公園内など安全な場所

　散歩は、公園や活動先などの散歩先が目的になる場合と、歩行したり歩行中の環境に親しんだりと散歩そのものが目的である場合と、保育者の保育の計画によって変化する。いずれにおいても、子ども自身の歩きたいという欲求や、散歩の中で見つけた花や虫、人々との関係など、さまざまな事象に十分つきあえるようにしたいものである。

（2）散歩に出かけて～5領域との関係～

　散歩に出かけさまざまな事象に出会う。見つけた石ころや棒切れを手に持ってみたり、花を摘んだり、虫を捕まえたりする。そんな中で、包括的に5領域の育ちが保証されていくのである。写真のように遊びを共有し互いにやり取りするようなことは「人間関係」であろう。そも

写真3-13　外へ、外へ
散歩の道中や、散歩先でさまざまな事象に出会う。歩きたい子は歩き、ベビーカーや乳母車に乗りたい子は乗り、のんびりと散歩を楽しみたい

4　1歳児から3歳児の保育　　67

写真 3-14　空間を共有する

見つけた花や草で遊び始める。いつしか、だれかが横で遊び始める。遊んでいる様子をみると、人は興味を抱き一緒に遊びたくなる。最初はやり取りもなく、ただ遊ぶだけの平行遊び

写真 3-15　イメージを具体化する

隣同士で遊んでいたことにより、一緒の遊びが共有される。そこへ大きな子たちが入ったりすると、新たなごちそうができたりと、イメージして遊ぶごっこ遊びが始まる。小さな子どもたちも一緒に参加している

そも、季節ごとに野に咲く草を摘み遊ぶことは「環境」といえる。やりとりは相互の関係であり、言語を使いながら行われる、その意味では「言葉」であろう。イメージして盛りつけた草のごちそうは、立派な「表現」であり、それらが子どもの主体的な行為であれば、自己の思いを身体を通じて表しているのだから「健康」なのである。このようにして、包括的に5領域による育ちは保証されていくのである。

(3) 可測な事象につきあう

　保育所の中は、子どもたちが安心、安全に過ごせる環境であり、清潔で整頓された環境でもある。そのことは養護という部分では間違いなく重要なことであるが、時に日々同じことが同じように起こるような、平坦な環境になりやすい。しかし、保育所の外に出てみたならば保育所とは違う環境が広がっている。保育所の環境は、保育所の性格上、子どもに配慮した環境であるが、保育所外の環境は生活の環境であり自然の環境である。

　自然の環境は、予測を超える事象が起こりうる。雨は降らないであろうと予測はしても、時には雨が降ったりする。目の前を過ぎ行く自動車も、歩いている人々も事前に計画をしてそこにいたわけではなく、むしろ偶発的にそのような光景が目の前に現れるわけである。保育所では、保育の計画により日々を過ごし、子どものためを思って設定している安定的な環境を重んじ、偶然をむしろ嫌う傾向にあるように思う。保育所の戸外に出かけることで、偶発的に起こるさまざまな事象につきあい、そのことによって事前の環境や状況に対して、分析し考え、柔軟に対応をしていくことの芽生えを生じさせるように思う。事象は、私たちが生きていくための原体験であり、乳幼児期に体験した五感の感覚はその後の感性や生きる力の原点であるともいわれる。確かに、大人になってからもふとした拍子に小さな時の記憶、しかも断片的であったり、匂いや風景であったりと、はっきりとした物語ではない記憶を思い起こすことがあるように感じる。このような記憶は、どこか事象につきあう中で生まれるように思う。その意味で

写真3-16 桑の実摘み

桑の実を探しに畑へ行ってみると、緑の桑の実もあれば赤い実もある。緑の実を摘んで食べると、にがくて思わず吐き出す。遠くではキジが鳴き、近くでは桑の実を横取りされたムクドリが何羽も飛び回っている。葉を揺らすと大きなカタツムリが落ちてくる。保育所の中では緑の実は子どもたちに出さないし、キジもムクドリもカタツムリも準備することは無理だろう

写真3-17 ティータイム

桑の実摘みが一段落すれば自然とティータイムが始まる。のんびりとお茶を飲みながらも、風が吹き木の葉が揺れ、そんな予測ができない自然の中に体をゆだねているのである。こんな感覚を原体験というのではないであろうか

も、乳児期から事象につきあう、言い換えれば戸外で過ごすことは重要だと思われる。

(4) 生活の中で〜5領域との関係〜

基礎的事項と呼ばれるような、食事、排泄、睡眠などの生理的欲求を満たすことは養護の面で極めて重要である。同時に、この基礎的事項は5領域による育ちの機会ともなる。生活の中のさまざまな場面を生かしながら、子どもを養護していく営みそのものが育ちの場であるようにしていきたいものである。

先述したように、子どもは文化の中に最初から包摂されており、その文化を実践している周囲の人たちとの生活は、自己が文化的実践者になりうるためには必須のことである。自分から身体を動かし行為することができるようになり、そのことが嬉しい時期である1歳から3歳頃

写真3-18 食卓を囲む

大きな子どもたちと食卓を囲む。一緒に居ることは何よりも嬉しいことである

写真3-19 フォークを使ってみる

いつも周囲に人がいると、人の行為をしてみたくなる。身体の協応化と共に、周囲の人たちがいつも使っているフォークやスプーンを自ら使いたくなる。そして使えるようになる。このような行為を「学ぶ」という。フォークや箸で食事をする文化的実践者が居なければ、このような構造は成立しない

4 1歳児から3歳児の保育　69

写真 3-20 一緒に居るとやりたくなる
もちろん新聞は読めないが、保育者の読んでいた新聞を自分も読みたいとのごとく、同じようにやってみる

写真 3-21 一緒に居ると出来るようになる
給食のご飯を釜で炊く。大きな子たちが釜にお米を1合ずつ計りながら米びつから移していると、同じように参加してくるが、お米をこぼしてしまう。大きな子たちは笑いながら、こぼれたお米を集めている。こうやって文化的な実践者になっていく

までは、特に周囲の文化的実践者との生活が必要と思われる。保育者や、友だち同士、また少し自分よりも大きな年齢の子どもたちなどとの生活環境を準備したいものである。

写真 3-18, 19 のような生活の場面でも 5 領域による育ちの保証は当然、包括的に行われている。他者と食事をすることを楽しむような「人間関係」や、食卓や食事の道具を認識していく「環境」であり、友だちや保育者とのやりとりによる「言葉」や「表現」、食事を楽しく食べ、食べることに意欲を持つような「健康」など、さまざまな育ちの部分が垣間見えるであろう。

5　3歳以上の保育への移行に向けて

　3歳以上の保育ということは、乳児期から幼児期へとその名称が変わるのであるが、制度上の問題であり子ども自身については、自己の情動や感情を身体で行為していく行為主体者であることには何ら変わりはない。

　ただし、保育者側の観点からいえば保育士の配置基準上、子どもへのかかわり方に関して大きく変わる現実がある。表 3-1 は日本の保育士の配置基準である。これは最低基準であることから、保育所や基礎自治体によっては、基準を上回るように基準以上の保育士を加配している所もある。

　このような背景から 3 歳以上児に対し、特に排泄や食事、身辺処理などの基礎的事項や生活習慣について、自ら行い、自らで完結することを望む傾向にある。いわゆる、自立という行為である。また、3歳以上児はクラスによる単独の担任による保育形態が多くなることから、保

表 3-1　日本における保育士の配置基準

0歳児	1歳児	2歳児	3歳児	4歳児	5歳児
子ども3名に対し保育者1名	子ども6名に対し保育者1名	子ども6名に対し保育者1名	子ども20名に対し保育者1名	子ども30名に対し保育者1名	子ども30名に対し保育者1名

写真 3-22 豊かな感情とは
周囲との応答関係で笑ったり、泣いたり、さまざまな感情が起こる

写真 3-23 自ずからやりはじめる
遊ぶことも、遊びの面白さも、人との関係の中にある

写真 3-24 ルールはわからなくても
トランプをしている大きな子の中に混じりあっている。トランプの遊び方や、数や記号はわからなくとも、そこで起こっている楽しさを一緒に共有している

写真 3-25 学ぶということは
自らの体を動かすようになると、大きな子の様子を見て、同じような行為をしてみる。そのうち、道具が使えるようになっていく。これも学びである。学びは他者との関係の中にある

写真 3-26 乳児を中心にして
みんなに育てられる。みんなに育てられた子どもは、いつしかみんなを育てる側に変わる

写真 3-27 乳児だけを分離しないように

育者の話を聞き理解したり、クラスのメンバーと共に同一の理解を求められる傾向にある。このことから、2歳児から3歳児に向けて、自立に重点を置き、クラス形態に慣れるような保育が求められることもある。

　しかし本来は、子どもは行為の主体者であることから、自己の行為は自己で決定していかなければならない。やりたいことは自分でやるということであり、いつでもやれる環境があると

5　3歳以上の保育への移行に向けて　　71

いうことである。そこから育ちの視点である5領域が保証されていくわけである。生まれてから、ずっと文化的実践者であるYOU的な存在に育まれてきた子どもたちは、常に周囲に人がいる環境で育ってきた。自己のやりたいという思いは、常に他者と共にあるわけである。だから、独りよがりの行為には決してなることはない。いつも、他者を包摂する、言い換えれば他者に気づかいをし、その他者からも気づかいをされる、相互の関係の中にあるわけである。このような、自己の行為が他者との関係に左右されることは、集団においては規範意識と呼ばれるものであり、集団の目的を逸脱した行為を行うことはないと思われる。

　3歳以上の保育に向けて重要なことは、0歳児、1歳児、2歳児などと分断して育ちを述べていくのではなく、すでに生まれてからの連続した他者との関係の中で育まれていることに留意すべきであろう。生まれた時から、その子をとりまく他者、YOU的な存在を作り、その存在と共に、子ども自身が主体的に行為をする主体者であることを、YOU的な存在は十分に理解して接していくことが極めて重要だと考える。保育所の保育が、小学校への就学のためにあるのではなく、一生の人格の完成を目指しての乳幼児期であるように、乳児期も3歳になるための準備の時期ではなく、一生涯のためのその時期であり、その時期そのものを自己の思いを十分に発揮して過ごしていくことが肝要であると思われる。

> Q：第3章の中の好きな写真を1枚選び、その写真からどんなことが育っているのかを5領域に分けて考えてみよう。

乳児保育における計画・記録・評価とその意義

　乳児保育の計画は、保育所保育指針にも記されているように、保育の目標を達成するために各保育所の保育の方針や目標に基づき、子どもの発達過程をふまえて保育の内容が組織的・計画的に構成され、保育所の生活の全体を通して総合的に展開されるように全体的な計画を作成しなければならないとしている。したがって、乳児だけではなく、幼児までを見通した計画を立てることが大切である。

1．指導計画作成について

　保育所保育指針では、指導計画は子どもや家庭の状況、地域の実態、保育時間などを考慮し、子どもの育ちに関する長期的見通しを持った指導者計画と、より具体的な子どもの日々の生活に即した短期的な指導計画を作成するとしている。乳児期の指導計画作成にあたっては、子ども一人一人の発達過程や状況を十分にふまえると共に、一人一人の子どもの生育歴、心身の発達、活動の実態等に即して、個別的な計画を作成することとしている。

　3歳未満児の場合、個人差もありさまざまな課題がある。たとえば、保育者とのかかわりも

大切だが、基本的なことでいえば、排泄、睡眠、食事などがある。1日の生活における子どもの発達過程を見通し、生活の連続性を考慮し、子どもの実態に即した具体的なねらい及び内容を設定していく必要がある。そして、具体的なねらいが達成されるように子どもの生活する姿や発想を大切にして適切な環境も提供することになる。子どもが主体的に活動し、それぞれの個性が活かせるように保育者として環境を工夫していくことが重要である。食事面などでは、量の多い少ないなども考慮しながら就学までに好き嫌いなく、決められた時間の中で楽しく食事ができるように援助していくことが大切となる。その中で保育所保育指針では、保育者と子どもが共に過ごし、より楽しく充実した活動をし、緊張感と解放感等の調和のとれた生活ができるように配慮すること、長時間にわたる保育の子どもについては、発達過程、生活のリズム及び心身の状態に十分配慮して、保育の内容や方法、職員の協力体制、家庭との連携などを指導計画に位置づけるようにするように定められている。

また障害のある子どもの保育については、一人一人の子どもの発達過程、障害の状態を把握し、適切な環境のもとで、障害のある子どもが他の子どもとの生活を通して共に成長できるように指導計画に盛り込む。また、子どもの状況に応じた保育を実施する観点から、家庭や関係機関と連携した支援のための計画を個別に作成するなど適切な対応をする。

2. 記録について

記録については、日々書く保育日誌が基本になる。しかし、日々の業務が忙しい中で日誌や連絡帳を書く時間だけで精一杯という保育者が数多くいるのも事実である。したがって、保育日誌に基づいて一人一人の記録を作成することになる。たとえば、週単位とか月単位でまとめていく工夫が必要になる。記憶に頼ることは大変難しいので、日々の保育日誌を見て、振り返りながら子どもの育ちを整理していく。それで結果的には日々の育ちでとらえきれないような子どもの成長した姿が見えてくるというわけである。そのためには、子どもの育ちをとらえる視点での保育日誌を意識して書くことを心がける。

このようにまとめた記録は、保育者同士がお互いの子どもを知るための貴重な資料や、一人一人の子どもの成長記録を残す資料になる。また保護者と話す時の資料にもなることを忘れてはならない。

3. 評価について

評価とは、保育の計画に基づいて実践し記録をとり、それを子どもの育ちと保育者自身の保育を振り返り改善につなげていく貴重なプロセスといってよい。一般的にはPDCAサイクルと呼んでいる。これを保育にあてはめていくと次のようになる。

保育所保育指針には、保育士等の自己評価について（ア）保育士等は、保育の計画や保育の記録を通して、自らの保育実践を振り返り、自己評価することを通して、その専門性の向上や保育実践の改善に努めなければならない。（イ）保育士等による自己評価にあたっては、子どもの活動内容やその結果だけでなく、子どもの心の育ちや意欲、取り組む過程などにも十分配

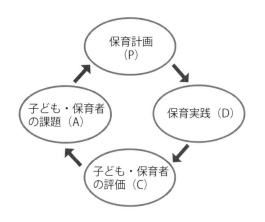

図 3-12　PDCA サイクルの簡単な仕組み

慮するよう留意すること。（ウ）保育士等は、自己評価における自らの保育実践の振り返りや職員相互の話し合い等を通じて、専門性の向上及び保育の質の向上のための課題を明確にすると共に、保育所全体の保育の内容に関する認識を深めること、としている。このことが保育士の自己評価にもつながり、内容によっては結果などを公表することにもなる。そして、保育者の資質向上と保育の質の向上にもつながる。

4. 保育カンファレンスの必要性

　保育は日々の保育の振り返り、次の保育につなげることが必須である。そのことを理解しながら保育者として実践を積み重ねることである。担任が1人であれば自分が省察したことを誰かに聞いてもらったりすることも重要である。経験の浅い保育者や経験のある保育者等と意見交換し、より良い方法を自分の中に見出していくことが子どもの最善の利益につながる。保育者それぞれの成長を支え合い、育ち合う関係を築くことを常に心がけていくことが必要である。

　たとえば、日々の保育の振り返りは個々にし、週末にまとめたものをフロアの職員と意見交換する。その際、簡単な1週間の省察を文書にして準備するとよい。各自が担当するクラスやグループを、どのように運営し子どもとかかわってきたか、そしてその結果、子どもがどのように成長（変化）したかを意見交換し次の保育につなげる。クラス運営をしながら時間を確保することは大変難しいことだが、最初は時間がかかっても、話し合いの要領を得てくると短時間で話し合えるようになる。

　子どもを心身共に健康に育んでいくためには、常に自分の考えだけで保育をするのではなく、その園にかかわる保育者の意見や考えを聞くことも大切である。時には自分にとって考えてもいなかった（思ってもいなかった）アドバイスをもらえることがある。

乳児保育における連携・協働

 保育所における連携・協働

　保育所保育指針の第4章の冒頭の文、「保育所における保護者に対する子育て支援」では、すべての子どもの健やかな育ちを実現することができるように、第1章及び第2章等の関連する事項をふまえ、子どもの育ちを家庭と連携して支援していくと共に、保護者及び地域が有する子育てを自ら実践する力の向上に資するよう、と留意事項が記されている。では、乳児保育をする上で職員間、保護者、嘱託医、地域に存在する関係機関などとどのように連携・協働していったらよいのか考えてみよう。

1．職員間の連携・協働

　まず「連携・協働」ということばを聞いた時、どのようなことが浮かぶだろうか。ことばを調べると、連携とは連絡を密に取り合って、1つの目的のために一緒に物事を行うこと、協働とは同じ目的のために、対等の立場で協力して共に働くこと、となっている。では私たちが実際に働く保育所ではどのようなことを指すのかを考えていきたい。

　保育所保育指針では、保育所職員に求められる専門性として、子どもの最善の利益を考慮し、人権に配慮した保育を行うためには、職員一人一人の倫理観、人間性並びに保育所職員としての職務及び責任の理解と自覚が基盤となると記されている。丁寧に寄り添い、子どもを1人の人間として尊重するためにはどのように親子に接したらよいのだろうか。できれば永遠の課題にならないようにしたいものである。

　保育所にはさまざまな職種の職員が日々勤務している。たとえば、保育士はじめ看護師・栄養士・調理師・用務員など、それぞれが持っている知識及び技術を日々の保育の中で活かしている。お互いに日々の保育を振り返り、子どもを中心としてどのように子どもたちにより良い環境を提供していったらよいか情報を共有しあうことが大切である。

　保育の質の向上に向けた取り組みにおいては、保育内容の改善や保育に携わる者等の役割分担を見直したり、職務内容に応じて必要な知識及び技能を身につけたりするということはいうまでもない。つまり、そこには同僚性が保育者の専門性を高めるカギになる。同僚性とは、簡単にいえば、保育者同士が互いに支え合い、高め合っていく協働的な関係のことである。小学

校以降では、同僚同士が授業を見せ合い、それぞれの知識や経験を行き来させながら、相互に授業力を高めていけるような関係や在り方を指す。最近では、保育所でもお互いの保育を見せ合い、より良い保育に努めているところもある。

2．保護者との連携・協働

保育所保育指針の「第4章　子育て支援」の冒頭では、保育所における保護者に対する子育て支援について、保育所における子育て支援に関する基本的事項として、以下のように記している。

> (1) 保育所の特性を生かした子育て支援
>   ア　保護者に対する子育て支援を行う際には、各地域や家庭の実態等を踏まえるとともに、保護者の気持ちを受け止め、相互の信頼関係を基本に、保護者の自己決定を尊重すること。
>   イ　保育及び子育てに関する知識や技術など、保育士等の専門性や、子どもが常に存在する環境など、保育所の特性を生かし、保護者が子どもの成長に気付き子育ての喜びを感じられるように努めること。

それでは、1日のほとんどを保育所で過ごす子どもたちの様子をどのように伝え、保育者の保育を理解してもらうことが望ましいのだろうか。例を挙げて考えていこう。

(1) 送迎時の対応

保育者として保護者と子どもに接する中で大切にしてほしいことは、「笑顔」、「優しいことば」、「丁寧な対応」である。この3つを保育者の基本的な姿勢として保育を進めていくと、信頼関係もでき、より良いコミュニケーションがとれるようになると考えられる。

たとえば、登園時「おはようございます」だけではなく、「○○ちゃん、おはようございます。元気よく来れましたか？」とか「来れたかな？」など、お迎え時は、「○○さん、お帰りなさい」だけではなく、「○○ちゃんのお母さん（お父さん）お帰りなさい」などと言葉をかけるなどはどうだろう。さらに、「お帰りなさい」という言葉のあとに、○○ちゃんの今日の様子を一言つけ加えると、保護者の方は安心したり、嬉しい気持ちになったり、ほっとしたりすることもある。

(2) 連絡帳の活用

乳児の子どもの日々の様子を保護者に伝えるシステムは、基本的には連絡帳か口頭になる。口頭だと担任と直接会える保護者が少ないため、担任以外の保育者が伝えることになる。連絡帳は、担任保育士と保護者とが日々キャッチボールができる大切な記録である。保育士は保育所での子どもの様子を書くため、保育所でどのように過ごしているか知らない保護者は楽しみにしている場合が多い。また連絡帳は子どもを中心として、保護者と子どものことや保育所のことを、相互に理解を深めることもできる。連絡帳は、保育士が保護者に発信することで子どもを大切に保育しているというメッセージになり、保育士は親からのメッセージを見て、家庭

での子どもの様子を垣間見ることができる。

連絡帳は保育所により記入項目はさまざまである。また、保護者に必要事項を記入してもらい保育者に伝えることで、子どものその日の体調や心の状態に配慮することもできる。毎回記入しなければならないことに「骨が折れる」と感じたり、「どうしてこのノートに記入しなければならないのか」と疑問を抱いたりする保護者もいるかもしれない。負担にならない程度に記入することを入園当初に説明しておくことも必要である。参考までに連絡帳例を次に記す。

表4-1 連絡帳（様式例）

年　　月　　日（　　）		児童名
家庭での生活		家庭での様子と連絡事項
機　嫌	良い・普通・悪い	
睡　眠	時　分～　時　分	
検　温	（朝）　時　分（　　度）	
夕　食	（食欲）　あり　普通　なし	
	（内容）	
朝　食	（食欲）　あり　普通　なし	
	（内容）	お迎え時間
排　便	あり（普通便・硬便・軟便・下痢便） なし	変更なし 変更あり（　　時　　分お迎えの人：　　　）
園での生活		園での様子
検　温	午前　時　分（　　度） 午後　時　分（　　度）	
給　食	食欲（あり・普通・なし　） （内容）	
午　睡	時　分　～　時　分	
おやつ	食欲（あり・普通・なし） （内容）	
排　便	あり（普通便・硬便・軟便・下痢便） なし	
園からの連絡事項		

(サイズA5)

(3) 個人面談の活用

乳児期の子どもにとって、保育者と保護者との連携はとても重要である。子どもの状況をお互いに共有するためにも時間をとり向かい合って話をすることは大切である。良い点や気になることを直接保護者に伝え、関係を構築していくことが重要である。そのためには、話しやすくするための環境の工夫も必要である。話の進め方としては、

①保護者の気持ちを受け止めながら家庭での子

1　保育所における連携・協働

もの様子を聞く。
　②保育者は、子どもの姿をよく観察して育ちの変化を伝える。
　③保護者の疑問や質問を聞く。
　④保育者のこれからのかかわりや見通しを保育者自身が自分のことばで伝える。
　といったことなどが大切になる。

（4）クラスだよりの活用

　わが子が日々何をしているかは連絡帳を通してわかるが、クラス全体の様子を知る手立てとして「クラスだより」が有効である。同年齢の子どもたちがどのように過ごしているか、写真なども挿入しながら発行し保護者に文字と視覚で訴えるということは、保護者にとっても嬉しいことである。また、保育者の記録としても残るため良い方法であると考えられる。

（5）写真掲示

　クラスだよりの中に写真を挿入し発行することは保護者にとって嬉しいことではあるが、写真を残したくないという保護者もいる。そのため、写真を活用する場合は、事前に許可をとるようにした方がよい。入園説明会や園のしおりなどで「お願い事項」として話したり記載したりしている園もある。写真をお便りなどに載せるのは困るという保護者がいた場合は、カメラの機能を上手に使い編集する必要がある。

（6）保育参加

　保護者に子どもの育ちの「見える化」をすることが重要である。百聞は一見にしかずということわざがあるが、どんなに連絡帳やことばで伝えても伝わり切れないことは保育の中でたくさんある。保育所の保育を理解してもらうには保育者が日頃からどのように子どもとかかわり、1日を過ごしているのかを見てもらうことがとても大切である。
　幼児や小学校では保育参観という形式で保護者に開かれた保育・教育を観てもらっているが、保育所の乳児期は子どもが親を見ると追って泣いてしまうことがほとんどである。実際にクラスに親子で保育に参加するという形式の方が他の子どもや、保育者の保育を観察することができる。子どもの日頃の実態をすべて観ることはできないが、保育者の子どもへの接し方や、遊び方の工夫などは見て知ることはできる。終わった後、保護者から感想・意見などを聞き、のちの保育に反映していくことも可能になり、子育ての相乗効果につながる。

（7）ネット配信の活用

　保育所を利用する親子にはさまざまな家庭状況がある。働くことで精一杯で、個人面談・保育参加会などの時間がとれない保護者もいる。そのような保護者のためにライブ映像配信をして保育の様子を見せる方法もある。もちろん園の経費はかかり、保護者も配信契約などで負担がかかることがあるかもしれない。しかし、利用者にとっては大変嬉しいことである。送迎だ

けで6年間過ごす保護者も中にはいるが、少しでも信頼関係を築く方法としてインターネットを活用していくことは有効である。このようなことから、保護者の心が徐々に開き保育所との信頼関係が生まれ、保育者と直接話そうとする姿も表れるようになる。現代社会の象徴として若い世代にインターネットは欠かせなくなっている。保育所と保護者の信頼関係を築く第一歩として活用を考えていく時代を迎えているようである。

(8) 日誌の活用

乳児の場合、連絡帳があるため日誌はその日の活動のポイントが記録されていればよい。また、監査もあるためわかりやすく記録されていることが望ましい。公開日誌については、日誌の公開は義務ではないため、活動予定表を保護者の見やすい場所に掲示する程度でよいのではないだろうか。活動予定がわかることで、掲示方法によっては、1週間から2週間の見通しもわかり、連絡帳を読んだ時に他児の様子とわが子の様子が想像できるのではないだろうか。

たとえば、○○公園に散歩という活動予定を見た時に、連絡帳に「公園では○○ちゃんと保育者と一緒に連なって滑り台をして笑顔でワァーワァーと声をあげて楽しそうだった」とか、「追いかけごっこをしてキャーキャー言って逃げまわり楽しそうだった」などと具体的に書けば子どもの様子が想像でき情景が浮かぶであろう。

その他に、公開日誌にして迎え時に読んでもらうとなると、親としては忙しい時間帯なので、「急いで帰宅し食事の支度をしたい」という思いがよぎることは否めない。日誌を公開にするか否か、どちらを選択するかは、園の方針、職員の状況、保護者の状況などをふまえて検討することが必要だろう。

表4-2 活動予定表例（様式例）

月日（曜日）	/　（月）	/　（火）	/　（水）	/　（木）	/　（金）	/　（土）
活動予定 （行事含）						
配慮事項						

自治体や地域の関係機関との連携・協働

1. 地域の関係機関との連携・協働

　保育所保育指針の第4章3には地域の保護者等に対する子育て支援という記載がある。

　その中で（1）にある地域に開かれた子育て支援は、保育所の保育に支障がない限りにおいて実施することが望ましいと記載されており、在園児の保育がおざなりになってまでも地域子育て支援を行う必要はないとしている。ただし、常に保育者がいなくてもできる支援はある。たとえば、園庭開放をして園内で在園児の保育に支障のない程度に遊ぶなどである。それぞれの保育所で工夫し地域に開かれた子育て支援を編み出していく職員の想像力も求められる。子育て相談などは、専門スタッフを設けている場合にはできるので、園運営に子育て支援をどの程度組み込んでいくか、問われる時代を迎えているようである。

　また、（2）に記載のある地域の関係機関との連携は、積極的に進める必要がある。たとえば特別に支援が必要な子どもや家族がいた場合、専門家のアドバイスがあれば、より良い保育につながるのである。保育者は、保育士資格と幼稚園教諭免許を持っている人がほとんどだが、基本的には心理面、情緒面の専門家ではない。もちろんさまざまな子どもの保育をしてきている経験のあるソーシャルワーカー的な保育者はいるが、あくまでも専門的な資格を持っているわけではないので、1人の子どもや家族に対して専門的なケアが必要になってきたら、問題内容の専門家にアドバイスを求めることになる。栄養士や看護師が保育所に常駐している場合は、園内で解決できるケースもあるが、それ以外の内容については、社会福祉士（ケースワーカー）、保健師、医師などソーシャルワーカー的な人たちの協力を得て1人の子どもや、家族のケアをしていくことになる。

　このように保育所にはさまざまな家庭の事情を抱えた子どもや家族が少なくない。保育者はそれらのケースにぶつかった場合、ケースに合った相談機関に助言を求めていくことが早期解決につながることになる。

2. 虐待児への支援

　では、虐待児への支援や妊娠中からの親支援はどのようにしていったらよいだろうか。

　児童虐待の現状として、児童相談所の児童虐待の相談対応件数（平成24年度）は、児童虐待防止法施行前（平成11年度）の5.7倍に増加（66701件）とまとめている。児童虐待による死亡事件では、平成23年度56例・58人、死亡した子どもは0歳児が4割強となっている。さらに深刻なのが、実母、実父の虐待が最も多いということである。虐待児については、小学生が最も多く、次に乳幼児が続く。虐待発生を予防するための支援がなぜ必要か。厚生労働省は次のようにまとめている。

　子ども虐待は、子どもの生命にかかわる問題であると同時に、最も安心できるはずだった場所、最も愛してくれるはずだった保護者から裏切られたと感じながら、その場所で育っていかねばならないという、子どもにとっては人権侵害の問題である。特に実際に死亡した子ども

表 4-3 虐待の定義 (厚生労働省 HP より抜粋)

虐待の種類	内容（定義）
身体的虐待	殴る、蹴る、投げ落とす、激しく揺さぶる、やけどを負わせる、溺れさせる、首を絞める、縄などにより一室に拘束するなど
性的虐待	子どもへの性的行為、性的行為を見せる、性器を触る又は触らせる、ポルノグラフィの被写体にするなど
ネグレクト	家に閉じ込める、食事を与えない、ひどく不潔にする、自動車の中に放置する、重い病気になっても病院に連れて行かないなど
心理的虐待	言葉による脅し、無視、きょうだい間での差別的扱い、子どもの目の前で家族に対して暴力をふるう（ドメスティック・バイオレンス：DV）など

は、まったく無抵抗の乳児を含めた低年齢児が多く、単に家族内の問題として片づけるわけにはいかないのである。この問題は、子どもの心に大きな傷を残している。情緒面や行動面の問題でも将来、人との関係性を上手に結んでいくことが苦手で、社会性や対人関係上の困難性を抱える場合も少なくない。そのことは自分の子育てにも影響し、世代を越えて、その影響が引き継がれる可能性があることは無視できない。また、虐待する保護者をみれば、根強い母親役割の強要や経済不況等の世相の影響、あるいは少子化、核家族化の影響からくる未経験や未熟さ、さらに世代間伝承等その背景は多岐にわたる。それらのストレスのはけ口を、家族内の弱者である子どもに向けるしかない状況で、外れた歯車を1人ではどうにもできずにもがいているのである。これらのことをふまえ、子ども虐待は、発生後の長期にわたるケアに奮闘するばかりでなく、子どもの生命や人権を最初から傷つけずに守り抜く意識を持ち、心身共に健全に成長できるように支援していく体制を充実させていく発生予防の取り組みが大切である。発生を予防するためには、どのような支援が必要かについても紹介しておく。

　子ども虐待は、どこにでも起こりうるという認識にたち、一般子育て支援サービスを充実させることが重要であることはいうまでもないが、より子ども虐待が発生しやすい家庭環境にいる子どもやその保護者に対する支援を充実させていくことも重要である。これまでさまざまな実態調査や事例検証を通して、虐待に至るおそれのある要因（リスク要因）が抽出されている。保健・医療・福祉等の関係者が予防的な支援を行うにあたっては、それらの要因を持ち、養育支援を必要としている家庭であるかどうかを判断し、早期に関係機関につなげることが大切である。仮にリスク要因を多く有するからといって、直ちに虐待が発生するものではないが、より多くの機関からリスク要因を有している家庭の情報を収集するよう努め、虐待の発生を予防することが大切である、としている。

　このようなことから子どもの虐待については、子どもの保護・支援、保護者支援などが課題となっている。厚生労働省が課題とした項目については、子育て支援事業の普及・推進、養育支援訪問事業、集いの場（地域子育て支援拠点事業）、虐待防止意識の啓発、相談しやすい体制の

整備、虐待に関する通告の徹底、児童相談所全国共通ダイヤル（189：いち・はや・く）の周知、児童相談所の体制強化（職員の質・量）、市町村の体制強化（職員の質・量）、研修やノウハウの共有による専門性の強化、子どもを守る地域ネットワーク（要保護児童対策地域協議会）による連携の強化、一時保護所の拡充・混合処遇の改善、社会的養護体制の質・量共に拡充、家庭的な養育環境、施設における小規模化の推進、適切なケアを行うための人員配置基準の引き上げ等の見直し、自立支援策の拡充、親子再統合に向けた保護者への支援、親権に係る制度の適切な運用などがある。

　児童虐待は現代社会の中で深刻化している。保育所の在園児の中にもいったんは施設に保護されたが、その後、親元に返された子どもがいる。その場合は継続的に虐待を受けていないか子どもと親を観察し、職員全体で情報を共有し親子関係が上手に修復できるように導いていくことになる。日頃の送迎時の言葉かけや保護者会、個人面談、園行事などの参加状況などをチェックしていくことも必要だろう。

　また、在園児でも虐待を受けながら通園しているケースもある。両親の日頃の態度、状況、子どもの精神状態、身なりなどを観察しながら早期発見・早期解決につながるようにしていくことも必要である。

　このように日頃から保育所にはさまざまな問題が混在している。もちろん特に問題のない子どもや家庭がほとんどを占めているが、問題を抱えたケースに振り回されないように園全体で情報を共有しつつ問題解決の糸口を見つけていくことが課題になるであろう。

やってみよう！

＊＊事例検討＊＊

「2歳男児（2歳8ヵ月）の母親の悩み」

　年度初めの4月下旬。母親から担任に相談がありました。

　朝、泣いて保育園に来るのを嫌がります。パジャマから洋服に着替えようとしません。私も出勤時間が迫ってくるので着替えを手伝い、朝ごはんもあまり食べずに保育園に連れてきます。先生からは親と別れた後は元気に過ごしていると聞いていますが、毎日、家で朝から「ほいくえんに行くのいや！」と言って泣かれると不安になります。

こんな時、保護者にどのような対応をしたらよいだろうか。保護者に必要なアドバイスをいくつか考えましょう。

第2部

乳児保育の実際

《乳児保育Ⅱ》

乳児保育の基本

1 つながっていることが大切な時期（保育士等とのかかわりの重要性）

やまだ（1998）は自閉症の子どもとかかわる中で、相手を理解することについて次のように述べている。

「ひとり、ひとりの心の世界に寄り添ってみたい、そして、その子が眺めている世界をできるかぎり理解して、それを個別のままに閉じておくのではなく、共通項をつくって、翻訳を重ねて共通語の世界にひらいていきたい。私の方法論の原点は、そこにあります。共通語の世界が先にあって、それに、ひとりひとりを合わせていくのではなく、その逆の方向であることが肝心です。（中略）子どもの身体は小さいから、おとなが子どもの身の丈に合うようにしゃがんでみるだけで、ずいぶん世界は違ってみえます」。

このことは、自閉症の子どもにかかわらず、子どもを理解したいと思う時に、とても大切なことだろう。まるで見学者のように、その様子（体の動き、視線、つぶやきなど）を見て、記録して、本当の理解ができるだろうか。理解したいという自分の体と心を外において、真に子どもの理解ができるとは思えない。保育士と子どもがかかわっている様子をみると、まさに保育士が「子どもの今」を一緒に過ごしている場面に出会う。それは子どもが感じている思いや気持ちに共感している保育士の姿である。

子どもは特定の人が自分を受け入れてくれていると感じることにより、その人を心の拠り所として少しずつ自分の世界を広げていく。その担い手こそが保育士なのである。子どもは授乳やおむつ替えなどの養護行為に限らず、そばにいてくれること、笑顔を返してくれること、一緒に驚いてくれることなど、さまざまな気持ちを受け取って共感してくれることに強い喜びを感じ、信頼を深めていく。以下の事例から考察してみたい。これはT君という子が1歳児クラスに入園した当初の様子である（4月入園時、12ヵ月児）。

多くの子どもと保育者の関係がそうであるように、T君の場合も、入園当初は緊張と不安で泣いたり抱っこを要求したりの姿がみられたが、担任保育士が温かく受け止める中で、徐々に保育士が安心できる存在へとなっていく様子がわかる。それは4月当初の抱っこ（※1、2）と、1ヵ月後の5月頃からの抱っこ（※3、4、5、6）の意味するものが変化してきていることから

もわかる。入園して間もない頃は、近くにいる保育者に不安や戸惑いなどの気持ちを受け止めてもらおうと抱っこを要求している。この時の抱っこは担任以外の保育士であっても、自分の気持ちをおさめる目的には十分なものようである。そのため担任保育士があえて機嫌の良い時を見計らって抱っこをせずに様子を見ていると、他のクラスの保育士に抱っこをしてもらっ

事例1

4月4日	初登園
4月7日	裸足になって歩き回り、**時々甘えては抱っこ**[※1]の要求の繰り返し （食事は手づかみでよく食べていた）
4月11日	興味があるオモチャを見つけると少し泣き止み、またしばらく泣いている。手洗い場の水でいたずらをした時の、笑顔がとても楽しそう （食事はよく食べ、お腹いっぱいになると、声を出して笑っていた） 気に入ったオモチャで遊んでは甘えて抱っこ　また離れて遊んだりの繰り返し
4月14日	食事用の椅子を「うんとこしょ」と持ち上げて方向転換までしていた。 甘えたい時には、甘えたい保育士の顔を見て、泣きながら訴えている。 保育士の膝に他の子どもと一緒に座るのが嫌で、友だちを手でグイグイ押しやっている
4月19日	保育士がずっとそばにいれば安心して遊んでいる （1歳になるまで家庭で過ごしていたことから、1対1の関係が良い様子）
4月22日	表情が柔らかくなってきた。担任保育士が（機嫌を見て、あえて）抱かないでいると、**他のクラスの担任に抱っこされている**[※2]
4月26日	ベランダに出てあちこち歩いたり、他のクラスの部屋へ入ろうとしている
4月27日	自分の部屋と他のクラスの部屋を行ったり来たりしながら、気に入ったオモチャを見つけると遊び出している
5月9日	朝からニコニコ機嫌が良く、1人でままごとコーナーで遊んでいた 今までは担任以外にも抱っこされていたが、今日はいつも甘えて抱っこを要求する（担任以外の）○○先生に呼ばれても、**顔をそむけてニヤニヤしていた**[※3]
5月10日	隣のクラスのミニカーや汽車がお気に入りで、落ち着いて遊んでいた お散歩では、1人でトコトコ歩いて行ってしまう
5月23日	早番の部屋へ担任保育士が迎えに行くと、**わざとそっけない態度をし、他のところへ行こうとすると、あわてて抱きついてくる**[※4]
5月25日	朝迎えに行くと、「アー、ウー」と朝の挨拶をした 遊びに飽きると甘え泣きだが、抱っこをして気持ちいい風に吹かれていると「ケラケラ」笑っていた
5月30日	雨上がりに散歩に出かけると、駐車場のポールの穴に水がたまっているのを見つけ、手を突っ込んでは喜びの繰り返しで、なかなか前に進まない
6月1日	今日は甘えん坊だったが、女児3人がカーテンに隠れて遊んでいる様子をじっと見ていた。3人がケラケラと笑うと、一緒に笑って参加した
6月2日	だいぶ色々なことがわかってきたようで、やってはいけないことで叱られることが多くなってきた。散歩中、保育士が呼ぶとまったく別方向に進んだりして、好きなように歩いていた
6月8日	**今までは誰に抱っこされても喜んでいたが、最近は声をかけられると担任のところに泣いて逃げてくる**[※5]。1人でままごとコーナーに行って遊んでいる
6月28日	次々と部屋に入ってくる担任を見つけては**抱っこの要求**[※6]

1　つながっていることが大切な時期（保育士等とのかかわりの重要性）　　85

ていた。担任保育士以外であっても、保育所で顔を合わせる人であれば安心できるのだろう。しかし、5月頃からは、担任保育士の存在を意識し、親密な感情のやりとりを期待している様子がうかがえる。このように「抱っこしてくれる担任以外の保育士」よりも担任保育士への親しみが強まり、愛情や信頼感が深まっていることがわかる。「抱っこ」という安心材料よりも、大好きな人と一緒にいたいという欲求の方が勝ってきたといえるだろう。これがこの時期の「つながっていること」であり、T君もその安心感に包まれることでさまざまな探索活動や自己発揮ができるようになったのだろう。

写真1　保育士に抱っこされているT君

　また、食事などの際に子どもがみせる表情や要求などを、保育士は非常に注意深く受け止めている。そのような保育士と毎日のおやつや食事の時間を共に過ごすことにより、子どもにとって欲求を満たしてくれる大切な存在となっていることもわかる。さらに、記述にはないおむつ替えや着替え、午睡などの際にも、やさしい言葉がけなどにより温かな雰囲気に包まれ、T君の居場所になり始めていることが感じられる。担任保育士との関係が日にちを重ねる中で強く、太く、深くなり、入園当初の硬い空気が次第に緩んで和やかになっていく様子が伝わってくる。つまり乳児保育における「つながり」とは、気持ちのやりとりによって築き上げられるだけでなく、日常の養護的行為と重なり合って作られていくものであることがわかる。

 一人一人に応じたあたたかい援助

　保育者は同じ年齢の子どもであっても、1人として同じ子どもはいないことを理解している。それは発達に関する知識もさることながら、これまでの保育経験に基づくところが大きいだろう。このことは実習を終えた学生が口にする「みんなちがう」といった表現がよく表している。同じような月齢の子どもでも、保育士はその子どもが求めていることを個別に把握して、適切なかかわりを行っていたと話すことが多い。たとえば、午前中にぐずりだしたある子どもには、「ちょっと眠くなっちゃったね」と優しく語りかけ、他の子どもよりも少し早めにおやつを与える。別の子どもが同じように機嫌が悪くなると、今度は「○○ちゃんは、あっちのオモチャが欲しいのよね」といって違うおもちゃを与えて遊びに誘う。これは一人一人の求め（要求）に、ただ応じてモノを与えるという作業的行為ではないことがわかる。そこには子どもの気持ちに寄り添って「一緒に今を過ごす」という保育士のかかわりの姿勢がある。このような子ども自身を理解しようとする特別な人との関係が発達初期の乳児には大切である。なぜならば、この特定の大人との受容的・応答的な関係が「一緒にいて嬉しい人・一緒にいたい人」といった情緒的な絆を形成し、子どもに安心感や安定感をもたらし、それを拠り所にして、周囲

のさまざまなものに自分から働きかけることにつながっていくからである。保育士はその子どもの個性や生活経験などさまざまなことをふまえて、一人一人に対応していく必要がある。

日常の保育の中で、子どもが土をいじって「ばっちい」といいながら、保育士に汚れた手を見せにくることがある。また絵本を1冊持ってきて差し出したりする。まだことばにならない子どもも、その姿から「見て、見て！」「読んで！」という気持ちはあふれんばかりである。だれにでもその気持ちを伝えるのではなく、「特別な人」に受け止めてほしい

写真2　特別な人に見てほしい

という行動である。鯨岡（2013）によれば、人の心の動きは2つの欲求が大きくかかわると述べている。その1つは「こうしたい」という自分の満足を得ることを求める自己充実欲求、もう1つは特定の他者とつながれることで満足感や喜びを求める繋合希求欲求である。たとえば、「もっと遊んでいたい」「電車のオモチャが欲しい」「絵本を読んでほしい」など、楽しさやそれに伴う満足感を追求する子ども自身の思いが自己充実欲求に当たる。一方、繋合希求欲求は、相手との気持ちのつながりを求めるもので、「○○先生と一緒がいい」などの場合を指す。この2つの欲求のバランスは自我の育ちなど成長により異なってくるという。その欲求の充足のされ方が子どもの心の在りように影響するため、親は当然のことながら、保育者の「養護の働き」が重要であると指摘している。ここでいう「養護の働き」とは、一人一人が大切にされる経験のことをいうのではないだろうか。さらに「人生の最初のこの時期から、子どもたちがさまざまな経験を自分の心の中に溜め込んでいること、その中核に重要な大人への信頼感と自己肯定感の根がある」と述べ、幼いこの時期に特別な大人としてかかわる保育者の役割の大きさについて語っている。

3　主体性を大切にする保育（子どもの主体性の尊重と自己の育ち）

保育所保育指針の中には、「子どもの主体としての思いや願い」「主体的な（に）活動」というように「主体」という文言がたびたび登場する。「自分として」「自分から」「自分の意志で判断して行動すること」と言い換えてみると、理解しやすいかもしれない。

具体的な箇所の1つとして、養護にかかわるねらい及び内容のうち「イ　情緒の安定」のねらいの中に、「一人一人の子どもが、周囲から主体として受け止められ、主体として育ち、自分を肯定する気持ちが育まれていくようにする」との記載がある。

乳児というと未発達な部分が多いことから、さまざまな場面で周囲から主体として認めてもらえていないのではないかと感じることがある。特に養育の場面では、大人側がもっぱら世話することを引き受けているので、そのように思われるのだろう。確かに空腹を満たすよう授乳

写真3　積もった雪を見て、いろいろ試す

を行い、おむつを替えて清潔で気持ちいい状態にして、眠りにつくまでそばで見守るといった一連の養育行為は、「世話をする側」とされる側の立場に分かれているようにもみえる。しかし、大人の手による授乳やおむつ替えが必要な乳児も、日一日と「主体」になっていく姿がある。授乳を嫌がって乳首を舌で押し返したり、おむつ替えの最中に動き回ったりと、まさに「自分の」思いを自分なりのやり方で表現しているのである。また近くでいつも自分に関心を寄せ、その都度優しく声をかけ、向き合ってくれる特別な人がいることがわかり、その受容感によって、満たされた安らかな気持ちを感じることができるのである。こうして「自分」を周囲の大人によって丸ごと受け入れてもらえる経験の積み重ねにより、情緒の安定が図られ、安心して主体としての自分を発揮できるようになり、意欲的に周囲とかかわることができるようになるといえるだろう。このように主体として受け止められることによって愛されている自分がわかり、あるがままの自分を主体として受け入れ、自己肯定感が育っていくのである。保育所保育指針と同時に施行された新しい幼稚園教育要領では、この「主体的」に関係する特徴的な記述がある。

　「幼児が様々な人やものとの関わりを通して、多様な体験をし、心身の調和のとれた発達を促すようにしていくこと。その際、幼児の発達に即して主体的・対話的で深い学びが実現するようにするとともに、心を動かされる体験が次の活動を生み出すことを考慮し、一つ一つの体験が相互に結び付き、幼稚園生活が充実するようにすること」（「幼稚園教育要領」第1章総則　第4　指導計画の作成と幼児理解に基づいた評価　3　指導計画の作成上の留意事項）。

　子どもが調和のとれた発達を遂げるためには、環境にかかわって多様な体験をすることが必要である。その時、「どのように」環境にかかわるのか、「どのように」体験するのかが重要となる。この「主体的・対話的で深い学び」というキーワードは、今回の幼稚園教育要領の特徴の1つとされるものである。子どもの具体的な姿でいうと、「自分からやろうとすること。そしてその時に、イメージ（見通し）をもって取り組み、振り返ること」「感じ方や考え方を伝え合うこと」「なぜ、どうやってといった物事の仕組みや仕掛けを考えること」とされている。

　今回の改正には、幼児期における『非認知的能力』の育ちの重要性をふまえた内容が盛り込まれている。『非認知的能力』は、IQテストや学力検査など数値として測れる認知能力とは別の人の資質能力の1つとされ、生きる力に関連するものとして注目されている。ジェームズ・J・ヘックマン（2015）は、子どもたちがより良く生きるためにはこの非認知的能力に着目すべきであるという。大人たちは子どもの認知的スキルに注目しがちであるが、根気強さや注意深さ、意欲、自信といった要素も重要だとしている。その能力の基盤が乳児期から育つといわれ、

保育の役割が期待されており、特に前述した乳児期における自尊感情や基本的信頼感の育ちが基礎となるという背景を抱え注目されているのである。

　乳幼児期に限らず、教育の現場において「主体的に活動に取り組む」姿勢は、子どもたちに育てたいものの1つだろう。特に小学校以降の学校教育において、「主体的な学習」態度を身につけるということは大きな目標でもある。教育学の分野では、主体的学習について、「①学習者が明確な問題意識や目的意識を持っていること、②問題解決や目的実現のために何をするかを理解していて、そのための基礎的な力を持っていること、③その学習をすることの楽しさや意義を感じていること」と述べている。この「主体的な学習」を「主体的に生きるために必要なこと」ととらえると、乳児期に大切にしなければならない主体性の育ちに必要なこととは③にあるように楽しさを感じ、自分でやってみたいと思う気持ちを育むことといえるだろう。

日々の体験から学びの芽が生まれる（子どもの体験と学びの芽生え）

　保育所保育指針、幼稚園教育要領そして幼保連携型認定こども園教育・保育要領は、同時に改訂・改定されスタートした（2018年施行）。3つの異なる施設が、幼児期の教育に関してはできる限り同じ方向を目指していくことを明文化したものといえる。

　乳児の育ちはこのプロセスの基礎となるものであり、育ちの視点は0歳児と1歳以上3歳未満でそれぞれとらえることとなった。乳児保育の対象（0～2歳児）である0歳児に関しては3つの視点「健やかに伸び伸びと育つ」「身近な人と気持ちが通じ合う」「身近なものと関わり感性が育つ」、そして1～2歳児については3歳以上の子どもの育ちの視点である5領域「健康」「人間関係」「環境」「言葉」「表現」を視野に入れた発達の連続性を意識したものが示された。それぞれの年齢で育みたい資質・能力を明確にし、成長に従いその資質・能力が分かれたり、重なり合っていくことを確認するものである（図1）。

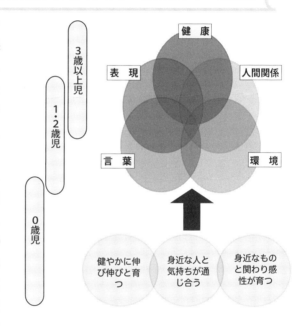

図1　乳幼児の育ちと学び

1．おおよそ0歳の子どもの姿と育ち

　たとえば、子どもが空腹を訴え、与えられたミルクを飲み、満たされた気持ちになり、手足を動かして活発に動くという姿がある。この時、子どもは空腹という苦痛を泣く、ぐずるとい

写真4　目につくものすべてが気になって確かめる

写真5　自分が見つけたものを「一緒に見て」と伝える

う方法で伝えている。その要求に応えて授乳をする保育士には、子どもの表情の変化を読み取りながら、優しく語りかけ、手足を盛んに動かして満足した様子を自分のことのように喜ぶ姿がある。さらに、機嫌の良くなった子どもの発声や喃語を受け止めながら、やり取りを一緒に楽しむこともある。このような日常の中で、子どもにとって保育士は特別な存在となっていく。こうした対面する二者で築かれた関係は、信頼感を育み、自分の意思を伝えようとする意欲を育てる土壌となる。

　この時期の子どもの発達特徴の1つは、定頸に始まり、寝返り、座位、這う、立つといった身体・運動機能が著しく発達することである。このことは自分の意思で体を移動することができるようになることを示している。そのため、ハイハイやつかまり立ちなどができる頃には、さかんに周囲の探索を行う姿がみられるようになる。色々なものや人へ興味を示すようになり、その場所へ行って自分からかかわろうとする。この時期の子どもは、周囲にあるものに対する好奇心で旺盛な行動力をみせる。見たり、触れたり、口へ入れたりしながら、そのものが何であるかを五感を使って確かめている。柔らかいもの、硬いもの、音の出るもの、転がるものなど、自分の体を使って試しているのである。その際に、驚いたり、不安な気持ちを感じると、身近な大人に訴えて受け止めてもらい、気持ちの立て直しをしてまたかかわりを始める。このような経験が、ものや人への興味や関心を一層高め、自ら周囲の環境にかかわる意欲や、ものと出会ったことの気持ちを自分なりに表現するという育ちへとつながっていく。いずれの場合も、子どもの行動を支えている源泉は、保育士との愛情豊かなかかわりによって培われた情緒的な絆であることをふまえ、受容的・応答的な保育が重要であることを忘れてはならない。

2. おおよそ1、2歳の子どもの姿と育ち

　1歳を過ぎる頃には多くの子どもが歩き始め、次第に歩行が安定し、2歳頃には小走りやジャンプなど、基本的な運動ができるようになってくる。保育室に傾斜のある大型遊具等を用意すると、よじ登ったり、保育士に支えられてすべったりと、体の動きがダイナミックになってくる。また散歩の途中でちょっとした高低差や障害物を乗り越えたり、階段の上り下りを楽しんだり

する様子もみられるようになってくる。そこには色々なことに挑戦しようとする意欲や、周囲の励ましに応えるようにがんばる様子がみられる。また近くの子どもの様子をじっと見ていたかと思うと、同じように試してみる姿がみられたりする。そこには、ますます旺盛になってくるかかわる意欲と興味・関心に後押しされるかのような行動力の発現がある。

写真6　どうなっているのか確かめずにはいられない

さらに、手や指の機能が発達してくることから、指を使ってつまんだり、引っ張ったり、押したりというように、細かい指先の動きができるようになってくる。絵本をめくったり、パズルをつまんだり、つまんだものを容器に入れたり、シールをはがしたりというように、さまざまな指先の使い方をする。何かのまねをする「ごっこ」もみられるようになり、1人で人形を布団に横にしてトントンしながら寝かしつけたり、背中に人形をおんぶさせてほしいと訴えてくる子どもも多く、片言や二語文を話しながら楽しんでいる。次第にことばによって自分の気持ちを表現することができようになってくることから、一人一人の世界を大切にすると共に、近くにいる子どもの存在を知るようなことばがけも大切にしたい。

自分の世界を広げるということは、段々と他の子どもとの接点ができ始め、玩具の取り合いなども増えてくる。また「自分で」といって、大人の手を払いのけるようなことも多くなり、自我の育ちがみえる時期でもある。十分でないにせよ、自分で色々なことに取り組もうとする意欲が育ち始めている。子ども自身の「自分で」という思いを大切にしながら、できることを見守ることが必要である。

このように、子どもは生活や遊びの中で、さまざまな周囲のヒトやモノに直接かかわっていこうとする。そのことを通して、色々な出来事や感情といった経験を積み重ね、少しずつ次の学びの世界へと進んでいくことになる。

やってみよう！

Q：一人一人の子どもと向き合うために大切なことは何だろうか。そのために、これから身につけなければならないことや経験したいことは何か。

演習2 乳幼児の生活と援助基本

1 乳児の生活と援助（食事・排泄・睡眠）

　乳児の保育は24時間の生活リズムを視野に入れながら、食事、排泄、睡眠、清潔、衣服の着脱など、一人一人のリズムに応じたかかわりが保育者に要求される。心地良い環境で過ごせるように基本的生活習慣の援助を具体的に学んでいく。

1．食生活と援助の方法
（1）授　乳
　授乳は乳児の心と体を育み、生命の保持に欠かせないものである。落ち着いた雰囲気の環境で、担当保育者がゆったりとした気持ちで行うことが望ましい。保育所の授乳時間は、朝の受け入れ状況や連絡帳などをふまえ、家庭との連携が必要である。

 授乳の手順　1回の授乳時間の目安は10～15分

①授乳前におむつの交換を行う。ミルクを飲む前に「おむつをきれいにしようね」「気持ちがいいね」など声をかける。

②保育者は手を流水と石けんできれいに洗う。

③保育者は三角巾、エプロン等、身支度を整える。

④調乳室で再度、手を流水と石けんできれいに洗い調乳を行う（適温であることを確かめるために、腕の内側に数滴落とし少し熱く感じる程度）。

⑤目と目を見つめ合い、「○○ちゃんミルク飲もうね」など声をかけながら、子どもを抱き椅子に座る。

⑥子どもに「ミルクを飲む前に、口と手をきれいにしようね」など声をかけながら口と手をおしぼりなどできれいに拭く。

⑦保育者の利き手で哺乳瓶を持ち、反対の腕を90°に曲げ、肘の上に子どもの頭をのせると安定する。

⑧顎の下にガーゼを置く。
⑨乳首を舌の上にのせ、乳首を根元までしっかり含ませる。

⑩目と目を見つめ合い、話しかけながらゆったりとした気持ちで授乳する(授乳はお腹も心も満たされる「至福の時間」である。一人一人に応じたかかわりを行う)。
⑪残量を確認しながら、空気を飲まないようにする(哺乳瓶のミルク残量に応じて傾ける角度を調整する)。
⑫飲み終わったら、声をかけながら口や手をおしぼりで拭き、余韻を楽しみながらまどろむ時間を作る。
⑬保育者の肩から顔がでる高さに縦に抱き、背中を下から上にやさしくさすることで、排気(ゲップ)を促す。子どもの口元になる位置に、保育者の肩にガーゼをのせる。
⑭飲みながら眠ってしまうこともあるため、吐乳、溢乳の確認を行う(少し頭の方を高くして寝かせることも予防につながる)。
⑮授乳中の様子や飲んだミルクの量などを記録する。

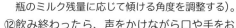

調乳の仕方

①粉ミルクの缶に、油性マジックで購入した日、開けた日を見えるところに記入する(開封前の賞味期限も必ず確認をするが、缶を開けると賞味期限は1ヵ月、期限切れは使用しない)。
②手を流水と石けんできれいに洗う。
③三角巾・エプロン等、身支度を整える(常に爪は短く切る)。
④調乳室にて再度、流水と石けんで手をきれいに洗う。
⑤消毒した哺乳びんに、添付のスプーンで必要量のミルクをすりきって入れる。
⑥煮沸後、少し冷ましたお湯(70℃以上)をやけどに注意し、できあがり量の約2/3入れ、乳首とフードをつけ、哺乳びんを振って溶かした後、できあがり量までお湯または湯冷ましを加え、軽く混ぜ合わせる。
⑦人肌(40℃ぐらい)まで冷ます(ミルクの温度は腕の内側に落として、やや熱く感じる程度が適当)。

冷凍母乳の準備の仕方

①母親に搾乳方法の指導を行う(衛生的な対応ができる環境でない場所での搾乳は不可)。
②冷凍母乳パックに、名前、日時、量を記入する。その上にラップまたはビニール袋に入れて完全に凍ったものを、園に毎日持参する。
③その日の飲む量は冷蔵庫で保管し、授乳前にパックのまま水につけ、流水で解凍する。
④解凍したら、母乳パックの水気を拭き取り、哺乳瓶に注ぐためパックを切り1～2滴捨てる。その後哺乳瓶に注ぎ、40℃のお湯で湯煎し人肌程度に温める。
⑤検乳のため、2ccパックに残しテープを貼り、名前、日時を記入し14日間保存する。

1 乳児の生活と援助(食事・排泄・睡眠)

(2) 離乳食

　離乳とは乳汁栄養から幼児食に移行する過程をいい、乳児は慣れ親しんだ乳汁を吸うことから、噛み潰して飲み込むことへと発達していく。飲むことから食べることへ移行する時期に食べるもののことを離乳食という。離乳食は子どもの咀嚼の状態や体の発達に合わせて段階を追って進めることが大切である。離乳食はミルク以外で栄養を補う役割と共に、子どもが食べる喜びを感じることができる環境を設定し、「おいしいね」「モグモグね」など保育者と1対1のかかわりを深めることで、食べることが好きになり食べるリズムが整う。

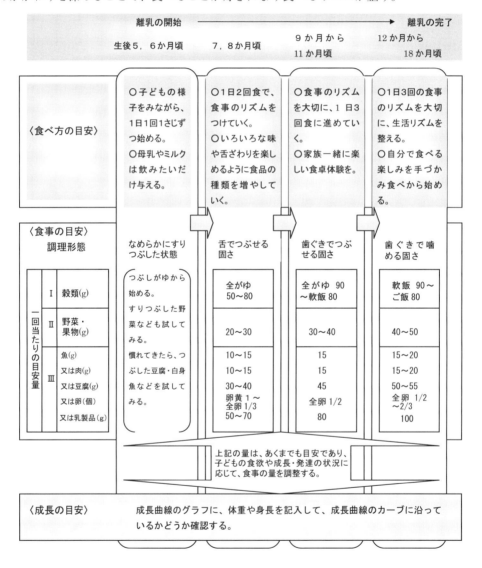

図1　離乳食の進め方の目安

(資料：厚生労働省雇用均等・児童家庭局「授乳・離乳の支援ガイド」2007年)

①手づかみ

離乳食後期になると、「自分で食べたい」という気持ちが育ち、手づかみで食べるようになってくる。手づかみしやすい大きさに調理し、ある程度食べると満足し自分から進んで介助を受けるようになる。食べちらかしは想定内とし、たとえ時間がかかっても子どもの「自分で食べよう」とする姿を尊重し、励ますことが保育者として求められる。

②スプーン

1対1の食事から友だちと一緒にテーブルを囲んで、楽しい雰囲気で食べるようになるが、固さや大きさは発達に応じた調整が必要である。好き嫌いも始まり、噛まない、丸呑みなど個別に課題が現れる。調理職員や家庭と連携し、一人一人の状況に応じた対応が必要である。手づかみとスプーンを使って食べるようになっていく。自分でスプーンを使って食べる意思を尊重しながら、子どもにとって難しいところはさりげなく介助する。

③幼児食（1～2歳児クラス）

離乳食が完了し幼児食になっても、咀嚼や発達に応じて食事内容や、食器や食具の種類に配慮が必要である。同じ食材であっても調理方法によって食欲が左右される。「食べたい」との気持ちが現れ、食べることが楽しくなるような環境を設定する。

④食物アレルギーと除去食

さまざまな食品を体内へ取り込むことで、子どもによってはアレルギー症状を起こすことがあるため、初めて食べる食材は家庭でなるべく食べてもらうように、保護者と連携を取る必要がある。特に卵は乳児にとって三大アレルゲンの1つであるため、卵アレルギーの有無を丁寧に確認する方法を保護者に伝え、離乳食を進めていく必要がある。

卵にかかわらずアレルギーがある場合は、主治医より「保育所におけるアレルギー疾患生活管理指導表」を作成し、個々の症状と特徴を正しく把握し対応方法を全職員に周知する。

・医師の指示のもとで除去食対応を行う。
・除去食対応専用トレイを使用する（名札を置く）。
・他児の食事に手が届かない席を用意する（皆で食べられるように工夫する）。

1 乳児の生活と援助（食事・排泄・睡眠）　95

2．排泄機能と援助の方法
（1）排尿のしくみ
　生後3ヵ月頃までは、膀胱に尿がたまると反射的に排泄されるため、1日15～20回ほど排尿する。4ヵ月頃から無意識的に排泄抑制が始まり、排尿前後に不快を感じ泣いたりぐずぐずする姿がみられ、周囲に排尿を知らせる行動がみられるようになる。0歳後半には、排尿抑制の働きが整っていくため膀胱に溜まる尿量も増えていく。1歳を過ぎると、神経系統の発達も進み大脳皮質に尿が溜まったことが伝達されるようになり、尿意を自覚することができるようになる。膀胱に溜まる尿量が増えると尿意を抑制する機能も発達するため、日中の排尿間隔が長くなる。1歳6ヵ月頃から排尿の調節ができるようになり、おむつに手をあてて「ちっち」というしぐさをしたりする姿がみられるようになる。

（2）排便のしくみ
　生後6ヵ月頃までは、排便反射による排便である。6ヵ月を過ぎると腹圧をかけたり、いきんだりする反射的協調運動が起こるようになる。1歳を過ぎると大脳皮質の機能が発達し便意を感じるようになり、1歳6ヵ月～2歳頃までに段々と便意を知らせることができるようになってくる。4歳頃には、自分の意志で排便を調整できるようになる。

（3）排泄の自立への援助
　排泄は、月齢を重ねるごとに少しずつ排尿や排便を知らせる表情や行動がみられるようになってくる。神経機能の発達に伴い自立をしていくため、個人差もあることから焦らず子どものサインを見逃さないようにすることが大切である。

（4）おむつの特性
　おむつには紙おむつと布おむつがあり、紙おむつの利便性により多く使用されている。布おむつは、木綿で吸湿性、通気性に優れ、白地で尿や便の性状が見やすい。洗濯して繰り返し使用できるため経済的である。その反面、働く親への洗濯の負担や持ち歩くにもかさばり不便さがある。紙おむつは吸収がよく、月齢、性別、体重などに応じてテープタイプとパンツタイプがある。洗濯する必要もなく便利ではあるが、ゴミの増加による環境問題につながっている。吸収力もよく、長時間安心といわれてはいるが、おむつが重くなると歩きづらくなることもある。吸収力がよくても、子どもの排泄のサインを見逃さず、おむつが汚れる度に交換することが必要である。

（5）おむつかぶれ
　汚れたおむつを長時間していると、尿が分解されてアンモニアが発生する。その刺激により炎症を起こしてしまうことがある。最初は赤くなり段々とブツブツの丘疹ができる。酷くなると皮膚がむけてジュクジュクになり、排尿や排便の度に痛みがある。そのような症状が出てい

たらシャワーで洗い乾かして様子をみる。それでも症状が改善されない場合は、おむつかぶれと似た症状の乳児寄生菌性紅斑の疑いもあるため、病院を受診しよう（小児科又は皮膚科）。

(6) おむつ交換

おむつの交換は、保育室内ではなく、おむつ交換専用スペースを確保する必要がある。一人一人個別で行うことにより、プライベートゾーンへの配慮や集団感染の予防につながる。手を洗う場所も近くにあることが望ましい。

表1　種類別おむつ交換の手順

紙おむつ	布おむつ
①子どもに「おしりきれいにしようね」と声をかけながら、おむつ交換台に向かう	
②子どもを台の上に寝かせ、「ズボン脱ごうね」などの声をかけながら服を脱がせる。新しい紙おむつをおしりの下に敷く	②子どもを台の上に寝かせ、「ズボン脱ごうね」などの声をかけながら服を脱がせる
③テープを外し、お尻ふきでさっと拭く（女児は前から後ろに拭く） 　排便時は足の付け根、肛門の周囲、陰唇の間、陰嚢の裏側など、拭き残しがないか確認する（使い捨て手袋を使用する）	③お尻ふきでさっと拭く（女児は前から後ろに拭く）。おしりの下に手を入れておしりを持ち上げながら、カバーがまだ使用できる場合は布おむつをとり、透明なビニール袋に入れる 　カバーも濡れている場合はカバーと布おむつを一緒にとる（カバーと一緒に丸める） 　排便時は、足の付け根、肛門の周囲、陰唇の間、陰嚢の裏側など、拭き残しがないか、確認する（使い捨て手袋を使用する）
④おしりの下に手を入れ、おしりを持ち上げ、汚れたおむつをとる 　小さく丸めてテープで止める（名前の有無の確認） 　蓋つきバケツに入れる（排便時はおむつ交換シートなどで包み、透明なビニール袋に入れ、袋にマジックで名前を記入する）	④きれいなおむつを当てる。カバーより外に布おむつがでないようにする 　男児は前を、女児は後ろが厚くなるようにおむつを折り返す 　交換したおむつは蓋つきのバケツに入れる
⑤おしりが乾いたらおむつをつける	
⑥「きれいになったね」「さっぱりしたね」など声をかけながら、服を着せる	
⑦きれいになったことを伝えながら、他の保育者に子どもを託す	
⑧手を流水と石けんできれいに洗う	
⑨おむつ交換台を清潔にし、再度流水と石けんで手をきれい洗う	
⑩排泄物の状態（色、匂い、固さ、量）、おしりの肌の状態（かぶれ、湿疹）などを記録する	
⑪心配なことがある場合は、同僚の保育者にすぐ相談しその後の対応を検討する	

（7）トイレットトレーニング

　1歳6ヵ月を過ぎると膀胱に溜まる尿量が増え、排尿間隔が2時間程度になってくる。「おしっこをしたい」とモジモジする姿が現れるようになる。子どものサインを見逃さず、トイレに誘っていくことが大切である。一人一人の子どもの気持ちを受け止め、無理強いはせずに焦らないことが必要である。午睡から目が覚めておむつがぬれていなかったらトイレに座ってみる。始めはトイレに座る感覚に慣れ、「おしっこ出るかな？」「出ないね」「出たね」など声をかけることで、「ここはおしっこの場所……」と、トイレという場所を理解していくことにつながっていくことになる。

おむつからパンツへの目安と留意点
　◇午睡後のおむつがぬれていない
　◇排尿間隔が2時間以上空く
　◇1回の排尿量が増える
　◇全身のバランスがとれ歩行が安定している
　◇おしっこのサインを出す
　◇家庭の事情を考慮し保護者にとって無理のないペースで進める
　◇まずは活動の時間にパンツにして様子をみる
　◇寒いと排尿間隔が短くなる

（8）トイレでの排泄

　2歳6ヵ月頃にはトイレで排泄できるようになってくる。トイレで排泄できるようになっても、見守りつつ、排泄後の始末や手洗いなどをその都度指導するようにしなければならない。遊びに夢中になり過ぎて、トイレに行くのが間に合わないといったこともある。また、「着替えてさっぱりしようね」「きれいにしようね」など恥ずかしいという気持ちへの配慮も大切である。子どもが行きたいトイレの環境設定の工夫が必要となる。

トイレの環境づくり
　◇照明は明るく
　◇いつもきれいで清潔なトイレ環境を
　◇カバーやシートは明るいものを使用する
　◇安心できる装飾等をトイレの壁に工夫を
　◇トイレットペーパーの位置は子どもの手の届く高さに

3．睡眠のリズムと援助の方法

　人の睡眠のリズムは、胎児期から乳児期にかけて急速に発達が進み、2歳までにほぼ完成する。生後間もない子どもは睡眠をつかさどる脳の機能が未熟で、どのくらい眠ることが必要なのかわからない。睡眠は脳の発達の基盤となる重要な生活習慣であることから、一人一人の睡眠を保障し目覚めてからの遊びを充実することでリズムが定着する。

(1) レム睡眠とノンレム睡眠

　子どもの睡眠は目覚めやすいのが特徴であり、それにはレム睡眠の回数が多いことが関係している。「レム睡眠」とは眠りから目を覚ます準備をしている浅い睡眠のことである。この時間帯では寝返りをうったり、夢をみたりしている。一方の「ノンレム睡眠」は熟睡している深い睡眠のことである。この時間帯では子どもを大声で呼んでも起きないことが多い。レム睡眠とノンレム睡眠は交互に訪れ、このレム睡眠とノンレム睡眠のサイクルが1セットとなり、一晩の睡眠ではそれを何回も繰り返している。大人のサイクルの長さはおおよそ90～100分であるが、乳児の場合はおおよそ40～60分と短い。新生児から生後2～4ヵ月で40～50分、生後7ヵ月～1歳くらいになると50～60分と年齢が上がるにつれ長くなってなる。大人のサイクルに比べると、子どもはレム睡眠が多いので目覚めやすいことがわかる。子どもは一度眠ったら朝までぐっすりとはならず、ちょこちょこと目覚めてしまうサイクルであることを理解することが大切である。

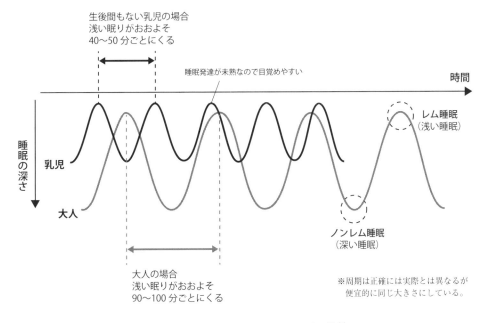

図2　レム睡眠とノンレム睡眠のサイクル比較

(2) 保育所における午睡

　保育所の子どもたちの睡眠は、月齢や各家庭での睡眠のリズムによるため、睡眠時間はバラバラである。4ヵ月未満の子どもは1日中飲んでは眠っていることがほとんどである。4ヵ月以上になると目覚めている時間が長くなってくるが、授乳後満腹になると眠ってしまう。8ヵ月になると遊ぶ時間が長くなり、眠りの時間が一定になる。1歳を過ぎると睡眠のリズムも安定し1日1～2回、同じような時間に眠れるようになる。個人差を配慮しながら、保育所での生活リズムを安定させることが必要である。

睡眠時の心がまえ

①室温、湿度、採光を管理する（真っ暗にせず、いつでも表情が確認できる明るさを保つ）。
②できるだけ静かで穏やかに眠れるスペースで、いつも同じ場所に寝る。
③眠る時は側について安心できるようにする（目覚めた時も同様に）。
④乳幼児突然死症候群を予防するための配慮が必要である。5分おきに、子どもの寝姿（うつぶせ寝はしない）、呼吸の状態、（体に触れて確認）顔色など全身症状の確認を午睡チェック表に記入する。
⑤布団は顔がうもれるような軟らかい布団は使用しない（バスタオルを敷かない）。
⑥布団は顔にかからないようにする。
⑦着せすぎず温めすぎないようにする。よだれかけは顔にかかったり、首をしめるおそれがあるので寝る時は外す。
⑧ベッドと敷き布団の間に隙間をつくらない。
⑨ベッドの柵は必ず上げストッパーをかける。
⑩ベッドの柵に布団やタオルをかけない。
⑪枕は使用しない。
⑫子どもが眠っている時は必ず保育者が午睡室にて、睡眠の状況を随時観察する。

※午睡時にパジャマに着替えるかどうかは、園によって違いがある。どちらを選択してもかまわないが、午睡後は汗をかいているので、必ず着替えることが必要である。

 やってみよう!

＊＊乳児の生活と援助（食事・排泄・睡眠）について考えて書いてみよう＊＊

Q1：授乳に適した環境設定を具体的にイメージして書いてみよう。

Q2：子どもが美味しく、楽しく離乳食を進めるために、保育者は何を大切にするのか具体的に考えて書いてみよう。

Q3：おむつ交換時の子どもへの声かけを具体的にイメージして書いてみよう。

Q4：おむつからパンツに移行するには、家庭との連携をどのように行うことが必要なのか具体的にイメージして書いてみよう。

Q5：保育施設により、午睡時にベッド・布団・コットを使用している。それぞれの利点と注意事項を考えて書いてみよう。

Q6：乳児の午睡はなぜ必要なのか、考えて書いてみよう。

乳児の生活と援助（抱っことおんぶ・清潔習慣・衣服の着脱）

1．抱っことおんぶ

　乳児は抱っこをしてゆらゆらしてあげると、泣きやんだり、すやすやと眠ってしまう。耳の奥にある平衡感覚（前庭覚）をつかさどる感覚器官と、皮膚や関節にある体性感覚（固有覚）をつかさどる感覚器官が快、不快の情動と連動している。また、乳児は自分を抱っこしてくれる人がどのような気持ちで抱っこしているか敏感に感じ取る力を持っている。乳児へ「大好きよ」「安心してね」の思いを伝えることが大切である。

（1）抱っこの種類

①よこ抱き
　首がすわるまでは、肘に乳児の頭を乗せて首を支えて抱っこする。乳児からも大人の顔がよく見えるため、笑いかけたり話しかけることが大切である。

②たて抱き
　首がすわっても、背筋がしっかりしていないため、背中を支えて抱っこする。※抱っこ紐やスリングを使用し長時間移動をすると乳児は疲れてしまうため、使い方に注意が必要である。

（2）おんぶ

　最近ではおんぶをする母親は少なくなっているが、保育施設ではおんぶをする機会があり、毎月の避難訓練では乳児はおんぶをして避難することを実施している。普段からスムーズにおんぶできるように練習をしておく必要がある。

①紐の仕組みを確認する。

②おんぶしようねと声をかけながら紐の上に子どもをおろす。

③紐を脇の下に通し、足も紐に通しおんぶができるように準備する。

④他の保育者におんぶ紐ごと抱いてもらい、背中に乗せてもらう。

⑤子どもに声かけをしながら、前の紐は胸元で2〜3回ねじってから（紐が緩まるのを防ぐ）足の紐の輪に通す。

⑥「手や足が出ているか」「脇の下で支えているか」「首がしっかり出ているか」を確認する。

⑦保育者の髪の毛が子どもの顔に当たらないように縛り直す（普段からゴムを2本用意しておく）。

⑧背中に子どもがフィットするように、自分の体をゆすって整える。

2. 清潔習慣

清潔は毎日の生活の中で繰り返すことで身につく。食事や排泄とは違い、「手を洗う」「鼻をかむ」などは子どもが「やりたい」「したい」と感じて行うものではない。清潔を身につけるには乳児の時から丁寧な言葉がけと動作で「さっぱりした」「きれいになった」「気持ちがいい」などの感覚を肌で感じるようにする。これが清潔習慣である。

(1) 手洗い

授乳や離乳食の時期はおしぼりで手や口の周りをきれいにすることから始まり、たっちがしっかりできるようになったら、手洗い場で大人が洗ってあげるようにする。食事やおやつの度に手を洗うことで習慣として身についていく。

(2) 顔ふき

午睡から目が覚めた時に子どもの顔を温かいタオルで優しく拭くことで、さっぱりして目覚めもスッキリとなる。これを繰り返すことで顔を洗う習慣につながるようになる。

(3) 鼻をかむ

鼻がつまると、鼻で呼吸しているためミルクが飲めなくなってしまうことがある。鼻水は強くこすり取らず、小鼻をおさえて鼻水を出すように優しくふき取ることが大切である。1歳6ヵ月頃になると、鏡で自分の姿がわかるようになるため、鼻水が出ている顔を確認することで、「きれいにしたい」「鼻をふきたい」気持ちにつなげる。しっかり立つこ

とができるようになったら、鼻を片方ずつかむように「右のお鼻フーンしようね」「今度は左のお鼻フーンして」と声かけをすることで、片方ずつ鼻をかむ感覚を伝えていく。

(4) 歯みがき

乳歯は6ヵ月頃から生え始め、1歳頃は前歯上下4本、2歳頃には16本の乳歯が生える。歯が生えていない時から、食後に湯冷ましやお茶を飲むことで、口の中の汚れを流すようにしている。保育所内で歯みがき実施の有無はさまざまである。歯が生え始めたら、家庭で仕上げ磨きを行ってもらえるように、保護者に伝えることが必要となる。

(5) 沐浴

1ヵ月健診まではベビーバスを使用し、お風呂に入ることを沐浴という。その後家庭の大人

と同じ浴槽に入るようになっていく。保育施設では沐浴槽が設置されている場合もある。

　沐浴の目的は①体を清潔にする、②血行を良くし新陳代謝を促す、③気持ちよくリラックス効果を高める、④安眠へとつながる、⑤スキンシップの機会となる、⑥裸になるので皮膚の状態など全身の観察を行う。

沐浴の手順

①沐浴の準備。沐浴槽：お湯の温度を38〜40℃程度にして、必要物品を準備する。

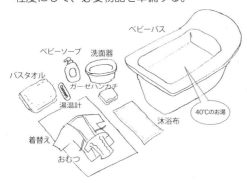

②子どもの体調の確認を行う。大丈夫であれば、「お風呂に入りさっぱりしようね」など声をかけ、洋服を脱がせる。

③裸になったら胸元に沐浴布をかける。

④しっかり子どもを抱いて、「お湯の中に入ろうね」などと声かけをしながら、足元からゆっくりと入る。

⑤目を拭く。湿ったガーゼタオルで目頭から目尻に向かって拭く。片方拭いたら洗面器のお湯でガーゼハンカチを洗う。反対の目も同じように拭く。

⑥顔を拭く。ガーゼハンカチを洗面器で洗い、数字の3を描くように顔半分を拭く。ガーゼハンカチを洗い反対の顔を拭く。

⑦頭を洗う。ガーゼハンカチで頭をぬらす。手に石けんをつけて円を描くように頭を洗う。ガーゼハンカチを使い、石けんを洗い流す。

⑧首を洗う。首のしわを伸ばすように手でなでるように洗う。

⑨胸を洗う。円を描くように洗う。

⑩腕を洗う。わきから指先に向かって、大人の手を回すように洗う。指先はひろげるように洗う。

⑪腹を洗う。「の」の字を書くように洗う。

⑫足を洗う。股間から足先まで、大人の手を回すように洗う。

⑬背中を洗う。子どもをひっくり返し、背中を肩からおしりに向かって円を描くように洗う。

⑭足：股関節から足先まで大人の手を回すようにして洗う。

⑮陰部を洗う。子どもをひっくり返して、陰部と肛門を石けんで洗う。

⑯かけ湯を行う。子どもをしっかり支えて湯から上げる。

⑰子どもに「気持ちよかったね」など声かけをしながら、バスタオルに包み水分を押さえ拭きする。水分を拭き取ったら、おむつをつけ、洋服を着る。鼻や耳を綿棒で掃除する。

⑱髪の毛を整える。「さっぱりしたね」「喉乾いたね」など声をかけ、湯冷ましなど水分補給を行う。

3. 衣服の着脱

（1）新生児の着替え

生後1ヵ月頃までは、保温のため大人より1枚多く着せるようにする。体温調節が未熟なため、外界の気温に左右されやすい状態である。そのため衣服の着脱がしやすい物を選び、こまめに調整することが必要である。

（2）着替えとスキンシップ

6ヵ月頃までは、全面的に保育者が行う。そのため着替えをする度に「汗かいたから着替えようね」「気持ちが悪いね、さっぱりしようね」など声かけをしながら、「汚れていると気持ちが悪いこと」「着替えると心地が良いこと」を伝えることで着替えることや保育者との1対1のスキンシップを楽しむ時間となる。また、着替えを行う時は、腕や足を引っ張って衣服を通すのではなく、服の袖を動かすようにする。無理やり引っ張ると脱臼することがある。

（3）着替えに参加

1歳3ヵ月頃の子どもは新陳代謝が活発で汗をかきやすいため、大人より1枚少なめに洋服を選ぶようにする。肌着は通気性、吸湿性のよい木綿のものとし、上下別のシャツとズボンにするとよい。着替えは保育者の声かけと一緒に行えるようになり「ばんざいして」「お手て通して」「あんよ入れて」など着替えに参加できるようになる。

（4）「やりたい気持ち」と着替え

1歳6ヵ月頃になると、自分で何でもやりたい気持ちが芽生えるが、まだまだ1人で着るのは難しい。着方を間違えても、そのまま見守ること、「できたね」と声をかけ気持ちを認めてあげることである。この時期は正しく着ることではなく、子どもの満足感が得られることに重点をおくことが必要である。

（5）着替えの主役は自分

2歳頃になると、着替えの主役は子どもになり保育者は見守ることで、子どもが「やって」と甘えてきた時は「一緒に着替えようね」と気持ちを受け止め、「自分で」と「一緒にやって」を繰り返しながら、1人で着替えることができるようになっていく。

（6）洋服をたたむ

2歳児クラスから3歳児クラスの移行に向けて、洋服をたたむことへの関心を高めていき、たたみ方の順番を保育者同士が確認し子どもが困らないようにする。きれいにたたむことではなく楽しみながらたためることを伝える。

（7）ボタンをかける

　子どもの指先の発達に応じて、遊びの中でボタンをかけることを取り入れる。「フェルトにボタンをつけてつないで長くする遊び」をしたり、ボタンの大きい洋服を着る時にかけやすい所のボタンを1つかけることから始める。

＊＊乳児の生活と援助（抱っことおんぶ・清潔習慣・衣服の着脱）について考えてみよう＊＊

Q1：子どもを抱っこするとき、おんぶするときの手順と注意事項を、わかりやすくイラストを入れながら書いてみよう。

Q2：沐浴の手順と注意事項をわかりやすくイラストを入れながら書いてみよう。

Q3：衣服の着脱において、保育者としてのかかわり方や声かけを月齢順にまとめて書いてみよう。

演習 3　乳児保育における配慮の実際

1　生命の保持と情緒の安定に向けた配慮

　3歳未満児の保育においては、その発達の特徴から、養護の側面である「生命の保持及び情緒の安定」を図ることは、特に重要とされている。2017年告示の「保育所保育指針」では、保育所の基本原則を示す「第1章　総則」の中に「養護に関する基本的事項」が入り、保育における養護の重要性がより強調されるようになった。

1. 生命の保持に向けた配慮とは

　「生命の保持」について指針では、一人一人の子どもが、①快適に生活ができるようにすること、②健康で安全に過ごせるようにすること、③生理的欲求が十分に満たされるようにすること、④健康増進が積極的に図られるようにすることといった4つのねらいを示し、保育を展開する上での、具体的な内容について明記している。

> **ねらい**
> ①一人一人の子どもの平常の健康状態や発育及び発達状態を的確に把握し、異常を感じる場合は、速やかに適切に対応する
> ②家庭との連携を密にし、嘱託医等との連携を図りながら、子どもの疾病や事故防止に関する認識を深め、保健的で安全な保育環境の維持及び向上に努める

(1) 健康を守るということは

　保育者が子どもの心身の健康を守るためには、乳児期の特徴を理解しておく必要がある。まず乳児期は感染症にかかりやすく、重症化しやすいということに留意しておかなければならない。定期的に実施する健康診断だけでなく、毎日の保育中における子どもの健康状態の観察と、家庭での子どもの様子を登降園時に保護者から聞くことで、日々の健康状態を総合的に把握することができる。さらに一人一人の健康状態を把握することは、集団での感染拡大を防ぐことができ、早期の疾病予防対策を立てることも可能になり、不適切な養育や障害、慢性疾患の早期発見につながっていく。入所前には、母子健康手帳や保護者からの聞き取りなどから、出生時の状況、成育歴、感染症歴などに関する情報も得ておくとよい。
　また、疾病予防に関しては、子どもの状態に応じて、嘱託医やかかりつけ医と相談しながら進めていくことが必要であり、保育士自らが子どもの疾病についての理解を深め、感染予防、

あるいは慢性疾患等の配慮の必要な子どもに対する留意事項など、疾病理解をより深めていくことも重要である。毎日の健康観察は、子どもの心身の状態をきめ細かに確認し、平常とは異なった微妙な体調の変化について敏感に感知し、病気の子どもを速やかに見分けることが重要となるが、そのためには、日頃から、一人一人の子どもの状態をよく観察し、理解しておくことが必要となる。ここでは、日々の保育で必要な健康観察の方法について詳しく述べる。

(2) 健康観察の方法

健康状態を把握するうえで、最も重要なことは、全身の状態をよく観察することである。観察の要点は、「①機嫌、元気さ」、「②食事」、「③睡眠」、「④体温」、「⑤顔色」、「⑥症状」についてである。日常的にみられる子どもの様子と比較し、以下のポイントに留意しながら観察するとよい。

＊観察ポイント＊	
①機嫌	機嫌が良いか悪いか、よく笑うか、活発さはあるか、運動や遊び、会話などがなされているか、乳児の場合は泣き声や声の張りはどうか等
②食事	食欲、食べる量、飲む量　等 ＊病気の子どもは、食べる量が減り、乳児では吸う力、哺乳量が減る。
③睡眠	寝つきが悪く、寝てもすぐ目覚めて不快そうにするか、睡眠時間が短くなるなどがみられる。 ＊反対に、体調が悪い時は、ゴロゴロと横になりたがることにも注意が必要である。
④体温	発熱があるか、また低体温になっていないか等
⑤顔色	寒さによる蒼白、発熱やのぼせによる紅潮、黄疸、浮腫（むくみ）等
⑥その他の症状	鼻汁や咳、目やに、喘鳴、嘔吐、下痢、腹痛、便秘、けいれん、発疹、頭痛などの症状　等 ＊全身の観察をすることが大切である。

詳細は、厚生労働省が出している「保育所における感染症対策ガイドライン（別添2　子どもの病気・症状に合わせた対応～）」を参考にするとよい。また、上記以外に健康観察や観察時の記録は「虐待の早期発見」につながることや、早期対応での根拠資料となることも自覚しておくとよい。虐待が心配される場合の「観察」の主な要点を、以下にまとめておく。

＊虐待が心配される場合の「観察」の主な要点＊	
①子どもの身体の状態	低身長、やせているなどの発育障害や栄養障害、不自然な傷・皮下出血・骨折・火傷、虫歯が多いまたは急な虫歯の増加等
②心や行動の状態	脅えた表情・暗い表情、極端に落ち着きがない、激しい癇癪、笑いが少ない、泣きやすい、ことばが少ない、多動、不活発、攻撃的行動、衣服の着脱を嫌う、食欲不振、極端な偏食、拒食・過食等

③不適切な養育状態	不潔な服装や体、歯磨きをしていない、予防接種や医療を受けていない状態
④親や家族の状態	子どものことを話したがらない、子どもの心身について説明しない、子どもに対する拒否的態度、しつけが厳しすぎる、叱ることが多い、理由のない欠席や早退、不規則な登所時刻等

①清潔で安全な環境とは

保育所の環境は、人、物、場で構成されていくが、ここでは、特に保健・安全面の配慮と、清潔で衛生的な環境、明るさ、室温、湿度、採光、音環境など、清潔で安全な環境づくりについて述べていく。

> **ねらい**
> ①清潔で安全な環境を整え、適切な援助や応答的な関わりを通して子どもの生理的欲求を満たしていく。また家庭と協力しながら、子どもの発達過程等に応じた適切な生活のリズムがつくられていくようにする
> ②子どもの発達過程等に応じて、適度な運動と休息を取ることができるようにする。また、食事、排泄、衣類の着脱、身の回りを清潔にすることなどについて、子どもが意欲的に生活できるよう適切に援助する

②保育室の環境整備について

乳幼児が長時間過ごす保育室は、子どもたちの健康と安全が守られるよう環境整備が行われなければならない。保育室を、常に適切な状態に保つことは重要であり、季節に合わせ室温、湿度、換気、音環境などに配慮したい。

＊保育室の環境整備＊	
①室温	夏期26〜28℃、冬期20〜23℃が目安
②湿度	約60％を保つようにする
③換気	1時間に1回程度の換気をする
④音	窓を閉じている時は中央値50dB以下、窓を開けている時は中央値55dB以下であることが望ましい。また上端（上限）値は、65dB以下であることが望ましい（『学校環境衛生の基準より』）
⑤光	照明の光源が、直接目に入らないようにする。照度は300lx以上（JIS照度基準より）

室温、湿度は、季節や施設の立地条件によってはエアコンや加湿器なども活用しながら調節することが必要である。換気は、食事中や午睡の間には換気できないため、換気をするタイミングが必要となる。たとえば、「朝、部屋を使い始める時」、「おやつや食事の後」、「お昼寝の後」、「遊びがひと段落ついた時」、「外で遊んで戻ってきた時」、「お絵かきをした後」など、換気するタイミングを決めておくとよい。

音環境に関しては、保育所の1日の大半が、街の雑踏に近い80dB〜100dBを超えていることが明らかとなっている。成人の働く作業環境（厚生労働省基準）では、85dB以上が10分以上

続く場合は、人体を保護する措置が必要とされている。また、音環境は、言語、聴覚、心身の発育や知識の獲得に影響することがわかっており、乳児の泣き声が室内に響く場合、泣き声の受け止め方、保育者のストレス、乳児の情緒に影響するといった研究結果もある。一方で、静かな保育室には、保育者が「音」への関心、気づきを持っているといった報告もある。大きな音の内容には、子どもの泣き声、叫び声、保育者が指示や注意をしている声の大きさも含まれる。普通に会話ができるのは60dBまでとされており、長時間子どもたちが過ごす保育室内で、1日の中に静かな時を保障する配慮をしたいものである。

③保育における衛生管理について

　保育所における感染症ガイドラインでは、特に保育室内外（保育室、トイレ、調理室、調乳室、園庭、プールなど）において衛生管理が必要な項目を示している（以下、表1参照）。衛生管理を行うのに必要な清掃薬品・消毒薬などは、鍵のかかる場所または子どもの手の届かない場所で保管・管理し、安全の徹底を図ることが必要である。

表1　衛生管理一覧

(1) 保育室内	
①毎日使う遊具、おもちゃ	使った後は、水（湯）洗いや水（湯）拭き。洗えないものは日光消毒。特に乳児の場合：直接口に触れるため、その都度、お湯で洗い流し干すこと。使った遊具は使用済みケースに入れ、未使用との区別ができるよう工夫する。午前・午後と遊具の交換をする
②歯ブラシ、タオル、コップなどの日用品	個人用を用意し、共用や貸し借りのないようにする
③歯ブラシの消毒・保管	流水（熱湯）で洗い、ミルトンによる消毒を1時間以上行い、再度、流水ですすぎ、天日干しする。歯ブラシが接触しないよう個別に保管
④毎日の清掃	冷暖房器・加湿器・除湿器等、床・棚・窓・テラス、蛇口・水切り籠・排水口、ドアノブや手すり、照明のスイッチ（押しボタン）等は、水拭きの後、アルコール消毒を行う
(2) 食事、おやつ	食中毒を防ぐために、給食室の衛生管理の徹底が重要。衛生的な配膳・下膳、テーブル等の衛生管理の徹底。テーブルは、清潔な台布巾で水（湯）拭き。必要に応じて消毒液で拭くとよい。食後のテーブルや床等の清掃を徹底すること。その他に、日常的な習慣として、食事、おやつ前の「手洗い」、スプーン・コップなどの食器を共用しない
(3) 調乳室	「児童福祉施設における食事の提供ガイド」を参考にするとよい
①調乳器具の消毒と保管	哺乳瓶や乳首は、授乳後すぐに洗うか水につけておく。ミルクが残っていると雑菌が繁殖するため。哺乳びん専用のブラシと洗剤を使って、すみずみまでしっかり洗う。そのあと煮沸消毒、消毒液を使う消毒法、電子レンジを使って行う方法、高温の蒸気で消毒するスチーム法などの消毒方法で、消毒を行い、哺乳びんケースなどで保管する
②ミルクの保管	通常、粉ミルクの場合、湿気を防ぐため冷蔵庫での保管はせず、直射日光を避け室温で保存する。使用したミルクは1ヵ月以内に使い切るのが目安であるため、忘れないためにも、使用開始日を記入する

③調乳の際の留意点	乳児用調製粉乳の調乳に当たっては、使用する湯は70℃以上を保つこと。調乳後2時間以内に使用しなかったミルクは破棄すること。その他、室内の清掃や入室時の白衣（エプロン）の着用及び手洗いも行う
(4) おむつ交換	糞便処理の手順を徹底する。使い捨ての手袋をして交換するのがよい。それができない場合でも、処理後は、必ず石鹸で手を洗い、速乾性手指消毒を行うようにする。おむつ交換の場所は、食事の場所等との交差は避け、特定の場所で行い、おむつ交換時、お尻の下には、使い捨てのペーパーや個人用タオル、または1回ずつタオルを敷いて交換する。使用後のおむつは、蓋つきの容器に保管し、保管場所は常に消毒する
(5) トイレ	便器、ドア、ドアノブ、蛇口や水まわり、床、窓、棚、トイレ用サンダル等を、毎日、清掃し消毒。感染症予防のため、ドアノブや手すり、照明のスイッチ（押しボタン）等は、水拭きの後、アルコール消毒を行う。トイレ使用後の手拭きは、個別タオル又はペーパータオルを使用する
(6) 寝具	衛生的な寝具で、個別のものにふとんカバーをかけて使用。ふとんカバー、シーツは定期的に洗濯をし、ふとんに関しても定期的に乾燥する。頭じらみが発生した際は、他の子どもの寝具に近づけないようにする。尿、糞便、嘔吐物等で汚れた場合には、85℃以上、1分以上熱消毒を行うか、消毒液に30分以上浸した後に、他のものと分けて洗う

2．情緒の安定に向けた配慮とは

　情緒の安定とは、「保育所保育指針　2（2）養護に関わるねらい及び内容　イ　情緒の安定」において、一人一人の子どもが、①安定感をもって過ごせるようにすること、②周囲から主体として受け止められ、主体として育ち、自分を肯定する気持ちが育まれていくようにすること、③くつろいで共に過ごし、心身の疲れが癒されるようにすることが挙げられている。

　乳児期から、1対1のかかわりの中で、子どもの欲求や要求、気持ちを優しく受け止めてもらえること、子どもの働きかけに対し応答的に応えてもらうことで、身近な大人への信頼感を育むことができる。子どもは、その信頼感を基に身近な大人を心の安全基地とし、子ども自身がやりたいこと・やりたくないことを自己選択できることや、探索活動を通して主体的な活動を広げていくことを学ぶのである。

(1) 愛着関係の大切さ

　言葉を話すことのできない乳児は、泣いたり、笑ったり、じっと目で追ったり（追視）、表情やしぐさ、喃語で表現したりと、周囲の人々へ働きかけを行っている。また、お腹がすいた、おむつが濡れて気持ちが悪いといった不快な刺激を、泣くという行動で他者に働きかけ伝えようとする。これに対し、身近な大人は、「おなかがすいたのね」「おむつが濡れて気持ち悪いのね」といった共感的、応答的な表情や言葉かけにより、ミルクを与え、おむつを交換する。すると、乳児は不快な感覚であったものを表出すると、お腹が満たされ、おむつが清潔になり気持ち良くなるといった、快の感覚への変化を知ることとなる。このやりとりの繰り返し

により、自分の欲求が満たされる時には、いつも優しい表情や、穏やかな感情、温かな人とのかかわりがあり、無条件に受け止めてもらえる大人の存在を知ることができる。これが人は良いものであるという基本的信頼感の芽生えとなり、子どもが保育所で安心して過ごすことのできる基本となる。

また、人と一緒にいることが心地良いことを知ると、子どもは、特に大切な人との親密な関係（＝信頼関係）を結ぶようになる。自分の欲求・要求をよく理解してくれる人、欲求・要求に応答的に応え心地良い感覚を与えてくれる特定の人との関係を作っていく。これを愛着関係（アタッチメント）という（第3章 p.52参照）。多くの保育所では、この愛着関係を重要とし、この時期、不特定多数の保育者がかかわるのではなく、担当制を採用している。特定の保育者との間に、しっかりとした愛着関係を作っていくためである。

（2）主体的な活動を支えていくこと

先述したように、一人一人の子どもの置かれている状態や発達過程などを把握し、子どもの気持ちを受容すること、そして子どもの欲求や要求に応答的に応え、共感的な触れ合いや言葉かけを通して、子どもは身近な保育者との信頼関係を築いていくことができる。

そして温かな保育者のまなざしや、子どもの気持ちに寄り添う言葉かけ、励ましにより、できなかった身の回りのことを自分でやろうとしたり、失敗しても何度も挑戦しようと思う。この経験の積み重ねが、自信へとつながり、主体的な活動へと広がっていくのである。子どもは、身近な信頼できる保育者との愛着関係を基盤とし、自分の興味・関心を広げ、やりたいこと、やりたくないことなどを自己選択し、主体的な活動を行うことができるものである。

集団生活に対する配慮

乳児保育の環境は、保育室の「空間」だけでなく、「人」、「物」、「時間」のすべてによって構成される。その中でも、乳児にとっての「人＝仲間関係」は、社会的な技能や能力の発達において、最も重要な役割を持つといわれている。藤森（2012）は、乳児期から色々な人との関係性を作ること、特に発達程度が同じくらいの仲間の存在が必要と述べている。それは「遊ぶ対象としての仲間は、子どもにとっては大人とは違う。大人よりも応答的、持続的、情動的である」のだという。

写真1は、1歳児クラスでの1場面である。いつも保育者に絵本を読み聞かせてもらっている子どもたちは、そのイメージがお互いに共有されている。先生の真似をしてお

写真1　お友だちに絵本の読み聞かせをする1歳児

友だちに読み聞かせをする子、絵本を見る側の子ども役をする子、その姿を見ながら、お互いが場の共有をはかり、乳児対乳児の仲間関係を作っている。

　写真2は、マンホールに小石が落ちたのを見つけた子が、じ〜っとマンホールを覗きながら、小石を落とし始めた。それを見ていた子どもたちが、同じように落ちていく小石を見つめ、自分でも落としてみたり、いっぺんに小石を落としてみたり、落ちた小石はどこにいっちゃうのかなぁと、ずっと飽きずに見つめつづけていた。遠くから、その姿を見つけた子どもが、慌ててかけよってくる。ここにも、仲間と場の共有があったからこその学びの深まり、広がりがみえてくる。物は重力の関係で落ちるのだということ、下に水があるのか、落ちる時「ぽちゃーん」と音がすること、マンホールなので、その音が反響すること、これらはすべて科学性の芽生えの体験である。子ども同士がかかわることのできる環境づくりを乳児保育室にも整えたい。

　また一方で、乳児期は、子どもが何かに没頭し、熱心に取り組む「1人遊び」を保障することの重要な時期であることも忘れてはならない。「1人遊び」には、創造力や集中力、工夫する力が育ち、自己を確立するうえで重要な活動ととらえられている。保育所が、集団生活を経験する貴重な場であることをふまえ、「1人遊び」の場や時間を保障できる、バランスの取れた保育を実践していくことが重要である。

写真2　マンホールに落ちる小石を見つめる1歳児たち

環境変化に対する配慮

1. 環境の変化に対する不安

　4月の新入園児ならびに進級児の受け入れ時期は、環境変化に対する配慮が必要となる。0歳児クラスでは、ほとんどの子どもが新入園児であり、初めて母親と離れ、初めての場所で、新しい人たちに囲まれ、集団生活を過ごすこととなる。号泣して、なかなか保育室に入れない子ども、保護者から離れられない子ども、そんな子どもの様子を見ている母親自身も、「こんなに泣かせてまで働きにでていいものなのか」、「こんな小さいうちに保育園に預けていいものなのか」など不安になり、その不安や迷いが子どもにも伝わり、ますます子どもの不安が増大していくといった悪循環が生じる。

　まず保育者は、子どもたちの不安、緊張を理解し、保護者に安心して、子どもを預けてもらえるよう配慮する必要がある。保育所では、入所時最初の1週間を短時間保育とし、少しずつ保育時間を延ばしていく「慣らし保育」を実践しているところが多い。その中で、初日または2日目は親子で過ごし保護者には保育所の雰囲気を知ってもらう、保育士は子どものことを知る期間を設けて子どもにも少しずつ園での生活に慣れてもらうような取り組みをしている。

葛飾区のある公立園では、この慣らし保育を、子どもを慣らすのではなく、保育者と子ども、保育者と保護者との出会いの場であるととらえ「出会い保育」と命名し、預かる時間を延ばしながら子どもと保護者が慣れていくのではなく、慣れた子どもと保護者から、預かる時間を延ばしていくという、子どもや保護者主体の方法に変革しているところもある。

　保護者は、育児休暇後、職場復帰をする際には、多くの不安を抱えているものである。不安の内容を、以下に挙げると、

> ①仕事と家事と子育ての両立をしていくことへの不安
> ②わが子が、保育所に慣れていけるのか不安
> ③わが子が、お友だちと仲良くできるのか不安
> ④保育時間内の送迎が間に合うのか不安
> ⑤ミルクや離乳食を、ちゃんと食べてくれるのか不安　など

である。このような状況の中で、まず保護者自身が保育所を理解し信頼し安心して預けられるように環境と体制を整えることが重要である。保護者には、子どもの成長を信じ、自分を信じてもらいたいものである。

　なお、1・2歳児クラスにおいても、この時期、新入園児が入園してくるため、新入園児に対しては同様の配慮が必要になる。ただし、0歳児クラスと違うところは、0・1歳児クラスからの持ち上がりの子どもたちもいることである。進級児においても、新しい先生、新しい保育室となり不安が生じている。さらに新入園児が泣いている姿を見て甘える子どももいれば、我慢をする子どももいるなど表出方法はさまざまである。進級児の不安や甘えを受け止めながら、その想いに寄り添うことも大切である。

2．環境の変化や移行に対する配慮

　子どもにとって環境の変化というと、主として年度末から年度初めが考えられる。担任替え、保育室の移行、特に2歳児は乳児から幼児へ移行するということで、園舎の構造上2階から1階へ、または1階から2階へ保育室が変わることなどがある。では、年度の切り替え時、保育者はどのような配慮をしたらよいだろうか。子どもの実態から精神的配慮、保護者への配慮、できるだけ子どもや保護者が不安にならないように保育者同士が引き継ぎをしっかりすることが大切である。そのことは、新たに担任になる保育者の不安を和らげることにもなる。

①年度末の引き継ぎ

　保育者同士が引き継ぐ内容としては、クラスの実態、一人一人の子どもの実態・援助、保護者の実態・支援、新担任の心がまえ、他クラス・他職種との連携などがある。

　その他に園として特別なことがあれば、そのことについても引き継ぐことがある。また、年度末の3月には、職員同士連携し、新しいクラスで遊ぶ経験をできるように調整したり、2歳児は、幼児クラスの子どもたちとかかわる時間を設けたりする。いずれにしても、子どもにとってスムーズにクラスを移行できるようにすることが望ましい。

> Q：新年度を迎える時、職員の連携をとるにはどのような工夫が必要だろうか。意見交換をしながら工夫をまとめてみよう。

②年度末から年度初めへの引き継ぎ事項（例）

　その他年度末に行うこととして入園説明会や入園面接、入園児の健康診断がある。入園説明会は実施する園と実施しない園はあるが、入園してくる保護者への園のシステムの説明は行う必要がある。時間を設定して数人集めて行う方法、１人ずつ行う方法などがある。また、入園前に子どもの健康診断も必ず受けてもらうことになる。園で日時を設定し来園してもらうようにすることもあるが、嘱託医の開院している時間帯に受診してもらう方法もある。さらに親子面接も必要になるため、入園してくる保護者と連絡を取り合い、面接時間を設定することになる。入園説明会や個人面接などでは、保護者が朝登園したら、どのようなことを準備し保育者に子どもを預けるか、また夕方お迎えに来たら、どのようにして子どもを引き取るかなど、保育所に入園してからの流れを必ず説明しておく必要がある。そうすることで保護者は登園から降園までの流れを把握することになる。現在は安全対策のためにほとんどの園が機械警備となっている。保護者がスムーズに園内に入れるように、警備解除の方法も付け加える必要がある。

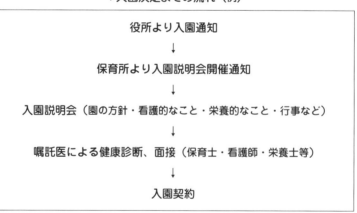

＊入園決定までの流れ（例）

※入園説明会を実施しない場合、個々に面接をしながら園の概要を説明する。
※仕事の都合や家庭の事情で入園に必要な事項が受けられない場合は、個別に対応する。

表２　新クラスへの準備

	引き継ぎ項目	内　　容	備　考
1	クラスの実態	基本的生活・活動・人間関係など	内容を具体的に書面にしつつ、口頭でも説明しながら引き継ぐことが大切である。
2	一人一人の子どもの実態・援助	全員の子どもの様子・援助など	
3	保護者の実態・支援	全員の保護者の様子・支援方法など	
4	新担任の心がまえ	笑顔・優しさ・丁寧さなど具体的に	
5	他クラス・他職種との連携	行事参加方法、用務作業分担など具体的に	

指導計画の作成や名簿の整理、クラスの環境及び点検整備（ロッカー表示・室内装飾・玩具など）、新担任のクラス運営打ち合わせ、乳児フロア職員の打ち合わせなどがある。クラスリーダーやフロアリーダーなども決めておくと、連携も取りやすく運営もスムーズに行われる。年度末はめまぐるしく時間が過ぎていくため、計画的に段取りよく役割分担をして仕事を進めることが大切であろう。

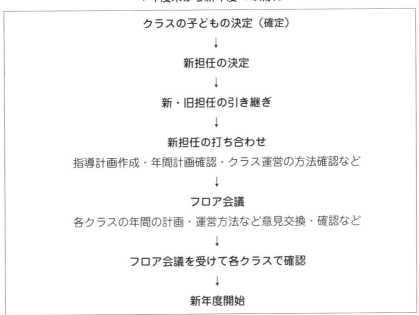

＊年度末から新年度への流れ

クラスの子どもの決定（確定）
↓
新担任の決定
↓
新・旧担任の引き継ぎ
↓
新担任の打ち合わせ
指導計画作成・年間計画確認・クラス運営の方法確認など
↓
フロア会議
各クラスの年間の計画・運営方法など意見交換・確認など
↓
フロア会議を受けて各クラスで確認
↓
新年度開始

4　乳児保育における計画の実際

　保育計画を立てるということは、0歳から入園した子どもが6歳の就学前までにどのように育ってほしいか、見通しを持てるようにすることである。また、担任が代わっても基本的なスタンスは変わらず保育をできるようにわかりやすく計画を立てることが重要である。このテキストでは、全体的な計画と年間指導計画、期間指導計画などを長期的な計画、月間指導計画、乳児であれば個別的に作成される個別指導計画などを短期的な計画として説明していく（各様式については、120～128ページに記す）。

1．長期的な計画と短期的な計画の関係と実際

　乳児保育の指導計画を作成するにあたり考慮することは、先の見通しを持って立てるということである。つまり、長期的な計画としては、幼児への見通し、しいては就学前までの見通しを持って作成する。したがって、乳児期の指導計画は3歳以上児の指導計画と関連づけながら

作成する必要がある。短期的な計画としては、より具体的な子どもの日々の生活に即したものでなければならない。したがって、子ども一人一人の発達過程や状況をふまえると共に個別計画を作成することと保育所保育指針では記している。計画項目は以下のようになる。

---

(1) 全体的な計画
　①保育目標
　②保育目標を達成するための全体的な計画作成の重点
　③各年齢の実施にかかわる指導の重点
　　⇒　環境構成、特別な配慮を必要とする子どもの保育、健康及び安全：食育・環境及び衛生並びに安全管理・災害への備えなど
　④子育て支援
　　⇒　保護者・地域
　⑤保幼小の連携（4歳児・5歳児）
　　⇒　交流活動・スクールステイ事業・地域の子どもや施設との交流など
　⑥職員の資質向上（研究・研修）⇒園内研究・研修、園外研修など
　⑦その他記載及び添付する書類
　　保育時間及び休園日、添付書類として園行事など
　　（注）作成は基本的には施設長だが、それぞれのクラスまたは各フロアのリーダーで構成するプロジェクトの中で話し合い作成する場合もある

(2) 年間指導計画
　①年間保育指導計画　⇒**各クラス担任が立案する**
　②年間食育計画　⇒**栄養士が立案する**
　③年間保健計画　⇒**看護師が立案する**（看護師が常駐していない場合は施設長＝園長が作成する）
　④安全管理計画　⇒**施設長が立案する**
　　（注）食育計画や保健計画、安全管理計画など、必要に応じて各クラスの年間指導計画に取り込む

(3) 期間指導計画
　期間指導計画は、4～5月期、6～8月期、9～10月期、11～12月期、1～3月期
　　（注）9～12月の4ヵ月をまとめて立てる場合もある

(4) 月間指導計画
　月間指導計画は毎月作成する　※日々の記録を大切にしながら保育の振り返りを必ず行う

(5) 週　案
　1週間を見通して活動内容や子どもへの援助のポイントなどを作成する。週単位で子どもの状況を振り返り、次の週につなげていく

(6) 日　案
　子どもの発達に合わせたデイリープログラムを作成し、できるだけ規則正しい生活が送れるようにする。主活動については、体調や他のクラスの状況、園の状況などにより変更可能なプログラムにする

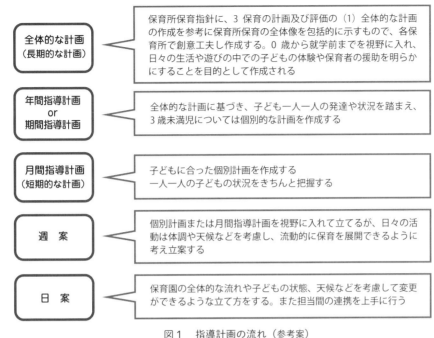

図1 指導計画の流れ（参考案）

ねらい
(1) 健やかに伸び伸びと育つ
　①身体感覚が育ち、快適な環境に心地良さを感じる
　②伸び伸びと体を動かし、はう、歩くなどの運動をしようとする
　③食事、睡眠等の生活リズムの感覚が芽生える
(2) 身近な人と気持ちが通じ合う
　①安心できる関係の下で、身近な人と共に過ごす喜びを感じる
　②体の動きや表情、発声等により、保育士等と気持ちを通わせようとする
　③身近な人と親しみ、かかわりを深め、愛情や信頼感が芽生える
(3) 身近なものとかかわり感性が育つ
　①身の回りのものに親しみ、さまざまなものに興味や関心を持つ
　②見る、触れる、探索するなど、身近な環境に自分からかかわろうとする
　③身体の諸感覚による認識が豊かになり、表情や手足、体の動き等で表現する

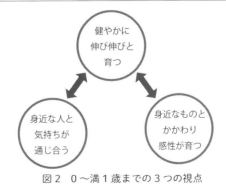

図2　0～満1歳までの3つの視点

```
        ┌─────────────────────────┐
        │       健　康            │
        │ 健康な心と体を育て、自ら健康で安全│
        │ な生活をつくり出す力を養う │
        └─────────────────────────┘
           ↕                   ↕
┌──────────────────┐      ┌──────────────────────┐
│    人間関係      │      │       言　葉         │
│ 他の人々と親しみ、支え│      │ 経験したことや考えたことなどを自分なり│
│ あって生活するために、│      │ の言葉で表現し、相手の話す言葉を聞こう│
│ 自立心を育て、人とかかわる力│      │ とする意欲や態度を育て、言葉に対する感│
│ を養う           │      │ 覚や言葉で表現する力を養う │
└──────────────────┘      └──────────────────────┘
           ↕                   ↕
┌──────────────────┐      ┌──────────────────────┐
│    環　境        │      │       表　現         │
│ 周囲のさまざまな環境に好奇心や探究心│      │ 感じたことや考えたことを自分なりに表│
│ をもってかかわり、それらを生活に取り│←→│ 現することを通じて、豊かな感性や表現│
│ 入れていこうとする力を養う │      │ する力を養い、創造性を豊かにする │
└──────────────────┘      └──────────────────────┘
```

図3　1歳以上3歳未満児の5つの領域

ねらい
(1) 健　康
　①明るく伸び伸びと生活し、自分から体を動かすことを楽しむ
　②自分の体を十分に動かし、さまざまな動きをしようとする
　③健康、安全な生活に必要な習慣に気づき、自分でしてみようとする気持ちが育つ
(2) 人間関係
　①保育所での生活を楽しみ、身近な人とかかわる心地良さを感じる
　②周囲の子ども等への興味や関心が高まり、かかわりをもとうとする
　③保育所の生活の仕方に慣れ、決まりの大切さに気づく
(3) 環　境
　①身近な環境に親しみ、触れ合う中で、さまざまなものに興味や関心を持つ
　②さまざまなものにかかわる中で、発見を楽しんだり、考えたりしようとする
　③見る、聞く、触るなどの経験を通して、感覚の働きを豊かにする
(4) 言　葉
　①言葉遊びや言葉で表現する楽しさを感じる
　②人の言葉や話などを聞き、自分でも思ったことを伝えようとする
　③絵本や物語等に親しむとともに、言葉のやり取りを通じて身近な人と気持ちを通わせる
(5) 表　現
　①身体の諸感覚の経験を豊かにし、さまざまな感覚を味わう
　②感じたことや考えたことなどを自分なりに表現しようとする
　③生活や遊びのさまざまな体験を通して、イメージや感性が豊かになる

2．クラスの計画と個別の計画（集団の指導計画と個別的な指導計画）

　保育所保育指針の「第1章　総則3　保育の計画及び評価」の「(2) 指導計画の作成　イ (ア)」で3歳未満児については、一人一人の子どもの生育歴、心身の発達、活動の実態等に即して、個別的な計画を作成することと記している。 乳児期は集団で見るより、個別に見た方がより丁寧に保育をすることができる。また、保護者への支援も一人一人を見ていくことで課題もはっきりと伝えられ、保護者からの質問にも応えられる。

　ポイントを整理すると、基本的な生活は一人一人の姿を把握し援助する必要がある。特に睡眠や食事などは個別的な配慮が必要なため大切である。参考までに、子どものトータル睡眠は、2015年に米国国立睡眠財団（NATIONAL SLEEP FOUNDATION）が提唱している睡眠時間の目安がある。0～3ヵ月 で14～17時間、4～11ヵ月で12～15時間、1～2歳で11～14時間、3～5歳で10～13時間としている。この数値は、あくまでも目安なので個人差はある。

　食事面でも個人差は大きい。よく食べる子ども、好き嫌いの多い子ども、量的に食べられない子ども、適量より多く食べたい子どもなどさまざまである。しかし、色々な子どもがいる中で、保育者として何を重要視していくかという点については、色々な食材、献立に慣れ食事が楽しいと感じられるようにしていくことが乳児期は大切なのではないだろうか。したがって、量的なことはあまり重視しなくても、毎月測る体重の増減、身長の伸び方、発熱の頻度、病気になる頻度、日々の顔色や表情などに気をつけながら子どもの成長を見ていく必要がある。

　このように個々の特徴に配慮した計画を立て、個々に合った援助をしていくことが乳児期は特に大切である。そのため、クラスの集団的な計画も必要だが、個別の計画が重要になる。日々の成長が毎月の成長につながり、月を重ねていくと1年たった時の成長が見え、次の課題が見えてくる。

　生活や遊びを通して、個々の体の大きさだけでなく、情緒的な成長や人間関係（コミュニケーション）の成長なども見守ることが大切である。

表3　全体的な計画（様式例）

〇〇〇〇年4月1日現在　作成者：園長　〇〇　〇〇

保育理念				
教育・保育方針				
園の教育・保育目標				
主な園行事				
保育時間など				
子どもの保育目標		0歳児（1歳未満）	1歳児（満1歳以上）	2歳児（満3歳未満）
乳児期の指導の重点				
養護	年齢	0歳児（1歳未満）	1歳児（満1歳以上）	2歳児（満3歳未満）
	生命の保持			
	情緒の安定			
ねらい及び内容・配慮事項					

教育	健やかにのびのびと育つ		健康		
	身近な人と気持ちが通じ合う		人間関係		
			言葉		
	身近なものと関わり感性が育つ		環境		
			表現		

特別に配慮を必要とする子どもの保育	
健康支援	
食育の推進	
環境、衛生・安全管理	
災害への備え・事故対策	
保幼小・地域との連携	
子育て支援（地域含）	
職員研修計画	

表4 年間指導計画（様式例）

〇〇〇〇年　月　日　作成者：〇〇　〇〇

0歳児

園目標								
月齢・年齢		57日～3ヵ月未満	3ヵ月～6ヵ月未満	6ヵ月～9ヵ月未満	9ヵ月～12ヵ月未満		1歳～1歳3ヵ月未満	1歳3ヵ月～2歳未満
子どもの姿								
大切にするポイント								
保育のねらい								
養護（生命の保持・情緒の安定）	心身の健康					健康		
	食育（食事）					食育（食事）		
教育・保育	環境を生活に取り入れる力					環境		
	人と関わる力					人間関係		
	言葉で表現する力					言葉		
	豊かな感性と表現する力					表現		
環境構成								
遊び・教材								
保育者の援助								
家庭との連携（保護者支援）								
園行事		4月～5月		6月～8月		9月～12月		1月～3月

4　乳児保育における計画の実際

表5 年間指導計画（様式例①）

○○○○年　　月　　日　作成者：○○　○○

1歳児

園目標		健康・安全・災害	
年間目標		一年間の評価・課題	

期		Ⅰ期	Ⅱ期	Ⅲ期	Ⅳ期	Ⅴ期
子どもの姿						
ねらい						
養護（生命の保持・情緒の安定）	健康					
	食育					
保育・教育	環境					
	人間関係					
	言葉					
	表現					
環境構成・保育者の援助						
家庭との連携（保護者支援）						
園行事						

122　演習3　乳児保育における配慮の実際

表6 年間指導計画（様式例②）

〇〇〇〇年　　月　　日　作成者：〇〇　〇〇

1歳児

園目標		健康・安全・災害	
年間目標		一年間の評価・課題	
ねらい	1歳〜 1歳3ヵ月未満	1歳3ヵ月〜 2歳未満	2歳〜 2歳5ヵ月	2歳6ヵ月〜 2歳11ヵ月
養護 （生命の保持・情緒の安定）				
食育				
保育・教育				
環境構成・保育者の援助				
家庭との連携 （保護者支援）				
園行事				

4　乳児保育における計画の実際　　123

表7　年間指導計画（様式例①）

〇〇〇〇年　　月　　日　作成者：〇〇　〇〇

2歳児

園目標		健康・安全・災害	
年間目標		一年間の評価・課題	

期	Ⅰ期	Ⅱ期	Ⅲ期	Ⅳ期	Ⅴ期
子どもの姿					
ねらい					
養護（生命の保持・情緒の安定） 健康					
食育					
保育・教育　環境					
人間関係					
言葉					
表現					
環境構成・保育者の援助					
家庭との連携（保護者支援）					
園行事					

表8　月　個別指導計画（クラス名 or グループ名）様式例

〇〇〇〇年　　月　　日　作成者：〇〇　〇〇

0歳児

保育のねらい	食　育	行事予定
クラスまたはグループ全体の保育のねらいを記載する。	月齢によりどのようなことを経験し、マナーも同時に身につけるようにしていくかを記載する。	0歳児として参加する行事と園全体行事の表記を分けて記載するとわかりやすい。

子ども名	前月の子どもの姿	子どもの活動内容		援助と環境構成	家庭との連携	振り返り・課題
		養　護	保育・教育			
〇〇ちゃん 〇歳〇か月						
〇〇ちゃん 〇歳〇か月						
〇〇ちゃん 〇歳〇か月						

保育教材・資料	職員間の連携	今月の評価	来月の課題
（戸外遊び） （室内遊び） （表現遊び） （絵本・紙芝居） （うた・手遊び）			

4　乳児保育における計画の実際

表9　月　個別指導計画（様式例）

〇〇〇〇年　　月　　日　作成者：〇〇　〇〇

乳児期：A児・B児・C児

ねらいと内容		室内環境	来月の室内環境
養護	生命の保持・情緒の安定などを記載する	子どもの月齢に合わせ、室内の環境図を記入する	来月の環境レイアウト図を記入する
保育・教育	運動遊び・構成遊び・表現遊びなどを記載する		
氏名・月齢	子どもの姿・配慮・援助	保護者支援	今月の振り返り	来月の課題
A児 〇歳〇か月				
B児 〇歳〇か月				
C児 〇歳〇か月				

【週の子ども姿】←週ごとに子どもの様子を記録する。

氏　名	A児	B児	C児
第1週			
第2週			
第3週			
第4週			

表10　月　個別指導計画（クラス名 or グループ名）　A児（〇歳〇〇か月）

作成日　〇〇〇〇年〇月〇日　作成者：〇〇　〇〇

子どもの姿	前月の子どもの姿を記入する。		ねらい	子どもに対する保育のねらいを記入する
保育内容	養護	生命の保持・情緒の安定などに関する内容を記入する	援助・配慮	
	保育・教育	月齢により、3つの視点または5領域の視点で記入する	援助・配慮	
保護者支援と保護者の様子	子どもに対する支援内容と保護者はどうだったのか、反応を記入する。保護者の課題があれば備忘録として記入する		評価	子どもの姿からの担当として、反省を含めた振り返りを記入する
特徴的な生活記録	記載例 〇月〇日　午後〇時〇分　歩行 〇月〇日　食欲なし　午後発熱		課題	振り返りの評価から来月の援助・配慮などの課題を記入する

4　乳児保育における計画の実際

表11 週日案(様式例)

○○○○年　月　日　作成者：○○　○○

○○月　第○週

ねらい		前週の子どもの姿	

○○日(月)〜○○日(土)	日・曜	主活動	準備するもの	環境及び援助のポイント	子どもの様子・評価
	○日(月)				
	○日(火)				
	○日(水)				
	○日(木)				
	○日(金)				
	○日(土)				
週の評価・課題					

128　演習3　乳児保育における配慮の実際

表12 デイリープログラム【様式例】

0歳児・1歳児・2歳児

時間	年　　齢		
	0歳児	1歳児	2歳児
7：30	保育開始 順次登園（早朝保育） おむつ交換（保護者） 健康確認 保護者から早朝保育保育者へ引継ぎ	保育開始 順次登園（早朝保育） おむつ交換（保護者） 健康確認 保護者から早朝保育保育者へ引継ぎ	保育開始 順次登園（早朝保育） 排泄（保護者） 健康確認 保護者から早朝保育保育者へ引継ぎ
8：30	担当保育者出勤 早朝保育担当者より引継ぎ 検温・触診	担当保育者出勤 早朝保育担当者より引継ぎ 検温(必要に応じて)・触診	担当保育者出勤 早朝保育担当者より引継ぎ 検温(必要に応じて)・触診
9：30	おむつ交換 おやつ（月齢によりミルク） 遊び	おむつ交換 おやつ 遊び	排泄 おやつ 遊び
10：30	おむつ交換 離乳食		
11：00	乳児食 順次午睡	おむつ交換	排泄
11：30		乳児食	乳児食
12：30	月齢によりミルク	順次午睡	順次午睡（子どもによりパンツからおむつにする）
14：00	順次目覚め・検温・触診・おむつ交換		
14：30	離乳食	順次目覚め・検温・触診・おむつ交換	順次目覚め・排泄(子どもによりおむつからパンツにする)・検温(必要に応じて)・触診
15：00	おやつ・終了後、保育者と遊ぶ、おむつ交換	おやつ・終了後、保育者と遊ぶ、おむつ交換	おやつ・終了後、保育者と遊ぶ
15：30	月齢によりミルク		
16：30	順次降園	順次降園 おむつ交換	順次降園 排泄
17：00	シフト当番(遅番) 担当者へ引継ぎ おむつ交換	シフト当番(遅番) 担当者へ引継ぎ おむつ交換	シフト当番(遅番) 担当者へ引継ぎ 排泄
18：30	延長保育担当者へ引継ぎ 月齢によりミルク	延長保育担当者へ引継ぎ	延長保育担当者へ引継ぎ
18：50	補食（ミルク含）・遊び	補食・遊び	補食・遊び
19：30	全員降園（保育終了）	全員降園（保育終了）	全員降園（保育終了）

※延長保育時は、子どもの人数により一緒に生活することもある。
※デイリープログラムは、子どもが大きくなるに従い変化していく。

資料 乳児玩具

　保育所保育指針では、好奇心ということばがしばしば用いられている。特に乳児保育では自然や玩具や絵本などの身近な環境に好奇心を持ってかかわるとある。このことから保育者には乳児が身近な環境に自分からかかわることをねらいとした保育計画や、乳児が主体的にかかわることのできる環境づくりが求められる。本章では、身近な環境に乳児が自分からかかわろうとする身近な環境について考え、保育者が実践しやすい身近な素材をつかった環境をテーマに事例を紹介する。新聞紙、紙コップ、スポンジ、洗濯バサミなど身近な素材1つで多様な環境を構成することができる。同じ素材であってもねらいに沿って（1人でじっくり遊ぶ時、集団でダイナミックに遊ぶ時など）異なる環境を構成し豊かな遊びを促すことができる。下に挙げた流れをイメージして環境を構成し、豊かな遊びを促したい。

　①子ども自らかかわりたくなる環境をつくる（素材との出会い）。
　②物に触れ、物に親しむ（素材の理解、インプット）。
　③親しんだ物をつかって、自分なりに遊ぶ（素材を扱う、アウトプット）。
　④物の変化に触れる（形が変わる、壊れるなど）。
　⑤繰り返し、物に親しむ（さらに理解したり、工夫したりする）。

　「保育士等は、予想される遊びに限定することなく、子どもの好奇心をもって遊ぶ姿を認め、豊かに遊びが展開されるよう共感的にかかわると共に、探求するための時間と空間を保障することが大切である。そのためにはさまざまな遊具や用具、素材などを用意するとともに、衛生面や安全面への配慮がなされた環境を整えることが大切である」保育所保育指針解説では乳児の遊びと環境について、このように解説している。保育計画では、同じ遊びを繰り返し遊ぶことのできる空間、時間、量を心がけてほしい。特に量については、子どもの工夫に応えることができない量、つまり物的環境が不足している実践が見受けられる。たとえば、新聞紙1人1枚→10枚、紙コップ1人5個→50個、洗濯バサミ1人10個→100個のように10倍にしてみる。すると、目の前に広がる大量の物的環境そのものが導入となり、子どもたちの遊びが豊かに展開されていく。「量を増やしてさらに工夫したい、何度も試してみたい」という思いから生まれる素材の取り合いも起きにくい。一人一人が自分のペースで遊ぶ空間が生まれると保育者は余裕を持って子どもにかかわることが可能となる。そして子どもの繰り返し遊ぶ姿、発見していく姿に共感し、応答的にかかわることが可能となる。

1．大量の素材で遊びの環境を構成する

　大量の素材がある環境であれば全身で素材にかかわるなどダイナミックな動的な展開から、素材とじっくりかかわる静的な展開などさまざまな遊びが生まれる。量を用意することで静と動を子どもが主体的に選んでいく空間を作ることが可能である。

*シュレッダーの紙くずで遊ぶ
1人あたり大きなポリ袋1つ分程度の紙くずがあると子どものやりたいことを実現しやすい環境となる。

*大量の洗濯バサミで遊ぶ
1人あたり50～100個程度の洗濯バサミがあると自由度が広がる。

*大量の新聞紙で遊ぶ
1人あたり1週間程度の新聞紙があると新聞紙の海が保育室に広がる。ちぎったり、潜ったり、両手で抱えたり身体で新聞紙にかかわる遊びが広がる。

*大量の紙コップで遊ぶ
1人あたり50個程度の紙コップがあると遊びの自由度が広がる。

*紙コップを重ね合わせて遊ぶ
紙コップは重ね合わせていくと重さや高さの変化がわかりやすく、成果が体感しやすい。

《予想される姿》
友だちとかかわる中で、協力したりする姿がみられる【協同性】
周囲の環境に興味や関心を持って積極的に働きかける姿がみられる【思考力の芽生え・豊かな感性と表現】

2. 身近な素材で保育の環境を考えよう

①素材：洗濯バサミ

　家事でよく使われる洗濯バサミは子どもがよく目にする素材である。興味を持っているが、手にしたことはない子どももいる。身近で興味関心の高い洗濯バサミを使った遊びを紹介する。

＊器に入れて遊ぶ
　小さなバケツや器を用意すると、洗濯バサミを入れたり出したりを繰り返す遊びが生まれる。スコップや紙コップ、うちわなどの道具を使い洗濯バサミを移す遊びも楽しめる。
《予想される姿》
友だちと思いや考えを共有し、工夫したり協力したりする姿がみられる【協同性】

＊服につけて遊ぶ
　服に洗濯バサミをつけることで①ひっぱって取る②服につけてみる③変身遊び、などの遊びが楽しめる。保育者が子どもの服のすそに洗濯バサミを付けてあげるなどすると遊びが展開していく。
《予想される姿》
さまざまな素材の特徴や表現の仕方に気づき、自分で表現する姿がみられる【豊かな感性と表現】

＊洗濯バサミをはずす遊び
　保育者の服に付けた洗濯バサミを取って遊ぶ。取りやすいように洗濯バサミに紐などを5cmほど取り付けると取りやすくなる。
《予想される姿》
保育者と経験したことや考えたことをことばで伝え合う姿がみられる【言葉による伝え合い】

＊色々な素材と組み合わせる
　洗濯バサミを牛乳パックや丸く切った段ボール、紙コップなどと組み合わせるとさまざまな工夫が生まれる。0〜1歳児は洗濯バサミを取ってみる。2歳児は付けたり取ったりして楽しめる。
《予想される姿》
身近な環境に主体的にかかわり活動を楽しむ中で工夫したりしながら達成感を味わう姿がみられる【自立心】

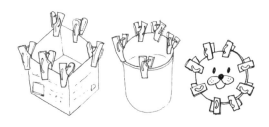

資料：乳児玩具

*滑らせたり通したりして遊ぶ

段ボールで作った坂に洗濯バサミを滑らせたり、トイレットペーパーの芯でつくったトンネルに通したりして洗濯バサミが移動する様子を見て楽しんだり、工夫して楽しむことができる。

《予想される姿》

物の性質や仕組みなどを感じ取ったり、気づいたり、考えたり、工夫したりすることを楽しむ姿がみられる【思考力の芽生え】

*洗濯バサミ工作で遊ぶ

2歳児は洗濯バサミアニマルを製作し、つくったもので遊ぶという展開が考えられる。紐をつけてお散歩したり、トントン紙相撲をしてみたり、うちわであおいでたおしてみるなど、さまざまな遊びが考えられる。

《予想される姿》

感じたこと考えたことを自分で表現したり友だち同士で表現する過程を楽しんだりし、表現する喜びを味わう姿がみられる【豊かな感性と表現】

※ひもをつける場合は、前足の洗濯バサミにはさむと安定する。

> 洗濯バサミアニマルの作り方
> ・画用紙など厚目の紙を動物の形に切っておく。
> ・動物の形の紙にシールやマジックなどで動物のイメージを表現する。
> ・洗濯バサミを2つ付けて足にする。

*紐に通して遊ぶ

洗濯バサミの根元で紐をはさむとゆらゆら揺れる遊びが楽しめる。はさんだ洗濯バサミをスーッと移動させたり、洗濯バサミにさらに洗濯バサミをはさんで延長させていくなどの遊びが楽しめる。

《予想される姿》

物の性質や仕組みなどを感じ取ったり、気づいたり、考えたり、工夫したりすることを楽しむ姿がみられる【思考力の芽生え】

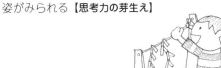

*紙コップクラッカーで遊ぶ

0〜1歳児は保育者がクラッカーを引き、空中に広がるさまざまな素材(デコレーションボール、紙、スポンジ、ティッシュペーパーなど)を見て、触って楽しむ。コップの中に素材を入れる遊びも楽しめる。2歳児は自分で扱うことも可能である。

《予想される姿》

やりたいことに向かって心と体を十分に働かせ、見通しを持って行動する姿【健康な心と体】
体験したことをことばで伝えたりし、ことばによる伝え合いを楽しむ姿がみられる【ことばによる伝え合い】

※風船が取れないようにビニールテープで巻いて完成。大きな音がしないため、音が苦手な子も安心である。誕生日会などにも使いやすい玩具である。

2. 身近な素材で保育の環境を考えよう

②素材：スポンジ

　スポンジは柔らかく触り心地の良い素材である。子どもは押すとへこみ、離すと戻るスポンジの触感に興味を示す。積み木のようにして遊ぶほか、適度なサイズに切って遊ぶなどの活用方法を紹介していく。

＊積むなどして遊ぶ

　スポンジは崩れても安心な素材である。崩れる時の音もない。3段4段と積んで遊んでみよう。1人7〜8個くらいあるとさまざまな遊びに広がる。

《予想される姿》

　考えたり、工夫したりしながら達成感を味わう姿がみられる【自立心】

＊トイレットペーパーの芯に入れて遊ぶ

　トイレットペーパーの芯にさまざまな素材を入れて遊ぶ。芯の高さを変えておくことで、すっぽりと入る入らないなどの違いを楽しんだり、スポンジなどの柔らかい素材を押し込み、詰め込む遊びを楽しむなど、さまざまな遊びが展開される。

《予想される姿》

　考えたり、工夫したりしながら達成感を味わう姿がみられる【自立心】

適度な大きさに切る

＊貼り付けて遊ぶ

　スポンジの目の粗い面はマジックテープに貼り付く。適度な大きさに切ったスポンジをマジックテープに貼り付けたり、はがしたりして遊ぶ。

《予想される姿》

　物の性質や仕組みなどを感じ取ったり、気づいたりする姿がみられる【思考力の芽生え】

＊ラップの芯に通して遊ぶ

　ラップの芯にトイレットペーパーの芯を通したりして遊ぶ。輪を通す楽しさ、積み重なっていく楽しさを味わえる。

《予想される姿》

　充実感を持って自分のやりたいことに向かう姿がみられる【健康な心と体】

マジックテープ

資料：乳児玩具

③素材：ビニール袋、ビニールテープ

　ビニール袋は物を運ぶ際に欠かせない素材であり、子どもがよく目にする素材である。透明だったり伸びたり、空気や水を溜めることもできるなどのさまざまな特徴は子どもにとって魅力的である。ビニールを素材にした遊びを紹介していく。

＊ビニール整理袋を風船にして遊ぶ
　100円ショップなどにあるジップ付きの整理ビニール袋に空気を入れて風船のようにして遊ぶ。風船用のポンプを使うと十分に膨らませることができる。鈴やペットボトルのキャップなどを入れるとおもちゃの太鼓のような音も楽しめる。割れて大きな音がする心配もない。
《予想される姿》
物の性質しくみなどを感じ取ったり、気づいたりする姿がみられる【思考力の芽生え】

＊ビニールテープをシールにして遊ぶ
　カラービニールテープをシールにして段ボールやビニール袋に貼って楽しむ。安価で多くのシールを作ることが可能なため量を気にせずシール遊びを存分に楽しむことができる。ビニールテープは表裏が同じ色なので、ガラスやビニール袋に貼ってもキレイである。①カッターマット（段ボールにクラフトテープを貼った板でも可）にビニールテープを引き伸ばして貼り付ける。②伸ばしたテープが縮まないうちにカッターで切れ目を入れる。③切れたテープが縮むとテープが浮き上がり、はがしやすくなる。
《予想される姿》
さまざまな素材の特徴や表現の仕方などに気づき、感じたことや考えたことを自分で表現する姿がみられる【豊かな感性と表現】

＊ビニール袋シャワーで遊ぶ
　ビニール袋に水を入れた状態で穴を開け、シャワーを作って遊ぶ。穴を開けると水が出てくる様子、開ける穴の大きさによって出てくる水の量が変わる様子、穴を増やすことで出てくる水の本数が変わる様子などを子どもと共有しながら遊ぶ。
《予想される姿》
物の性質やしくみなどを感じ取ったり、気づいたりする姿がみられる【思考力の芽生え】

2．身近な素材で保育の環境を考えよう　135

引用文献・参考文献

Chapter1
- 総務省統計局「人口推計」2018年9月
- 内閣府「平成28年版少子化社会対策白書」
- 厚生労働省「平成29年（2017）人口動態統計月報年計（概数）」
- 内閣府「平成29年少子化社会対策白書」
- 内閣府男女共同参画局「男女共同参画白書」
- 厚生労働省子ども家庭局保育課「保育所保育指針の改定について」（平成29年）「みんなが、子育てしやすい国へ。すくすくジャパン」
- 「指定保育士養成施設の指定および運営の基準について」の一部改正について（厚生労働省子ども家庭局長、平成30年4月27日）
- 「保育所保育指針」厚生労働省告示第117号、平成29年3月31日
- 橋本宏子『戦後保育所づくり運動史』ひとなる書房、2006
- 植山つる・浦辺史『戦後保育所の歴史』全国社会福祉協議会、1968
- 宍戸健夫『日本における保育園の誕生—子どもたちの貧困に挑んだ人たち』新読書社、2014
- 高月教恵『日本における保育実践し研究—大正デモクラシー期を中心に』御茶の水書房、2010
- 一番ケ瀬康子『日本の保育』ドメス出版、1962
- 上笙一郎・山崎朋子『日本の幼稚園—幼児保育の歴史』理論社、1974
- 白峰学園保育センター『保育の社会化—神奈川近代の記録』筑摩書房、1987
- 浦辺史・宍戸健夫他『保育の歴史』青木書店、1981
- 柴崎正行・安斎智子『歴史からみる日本の子育て』フレーベル館、2006
- 鈴木佐喜子『現代の子育て・母子関係と保育』ひとなる書房、1999
- 大日向雅美『母性愛神話とのたたかい』草土文化、2002
- 清水民子・細川順正『保育所保育を考える』ミネルヴァ書房、1979
- 佐々木正人・澁谷昌志『子ども家庭福祉』光生館、2011
- 木村容子・有村大士『子ども家庭福祉』ミネルヴァ書房、2016
- 西尾祐吾・小崎恭弘『子ども家庭福祉』晃洋書房、2011
- 山縣文治『子ども家庭福祉論（第2版）』ミネルヴァ書房、2018
- 柏女霊峰『子ども家庭福祉論（第5版）』誠信書房、2018
- 乳児保育研究会『資料でわかる幼児の保育新時代』ひとなる書房、2010
- 岩堂美知子他『新・乳児の発達と保育（改訂版）』ミネルヴァ書房、2001
- 上笙一郎『日本子育て物語—育児の社会史』筑摩書房、1991
- 石原栄子・庄司順一『乳児保育（改訂10版）』南山堂、2009
- 羽室俊子・荒木暁子『実践乳児保育』同文書院、2004
- 粂幸男『乳児保育』みらい、2000
- 川合貞子『乳児保育—実践的アプローチ』建帛社、2001
- 高野陽・増田まゆみ『乳児保育のポイント（増補版）』全国社会福祉協議会、2004
- 志村聡子『はじめて学ぶ乳児保育』同文書院、2009
- 「幼稚園教育要領」文部科学省告示第62号、平成29年3月31日
- 内閣府「幼保連携型認定こども園教育・保育要領」文部科学省、厚生労働省告示第1号、平成29年3月31日

Chapter2
- 厚生労働省「社会的養護の現状について（参考資料）」平成 29 年 12 月
- 厚生労働省雇用均等・児童家庭局長通知「乳児院運営指針」（平成 24 年 3 月 29 日）」2012
- 厚生労働省「乳児院運営指針」2012
- 厚生労働省雇用均等・児童家庭局家庭福祉課「乳児院ハンドブック」平成 26 年 3 月

Chapter3
- 木村敏『からだ・こころ・生命』講談社、2015
- 乾敏郎『脳科学から見る子どもの育ち』ミネルヴァ書房、2013
- 佐伯胖『幼児教育へのいざない（増補改訂版）―円熟した保育者になるために』東京大学出版会、2014
- 松本園子編著『乳児の生活と保育』ななみ書房、2018
- 遠藤利彦「アタッチメントが拓く生涯発達」『発達』153、ミネルヴァ書房、2018
- 大藪泰『赤ちゃんの心理学』日本評論社、2013
- 浜田寿美男『子ども学序説』岩波書店、2009
- 井上章次郎『早寝、早起き、本当に必要？』草土文化、1999

Chapter4
- 松本園子編著『乳児の生活と保育』ななみ書房、2018
- 咲間まり子編著『コンパス乳児保育』建帛社、2018
- 児童相談所全国共通ダイヤル（189：いち・はや・く）2016 年 3 月 29 日変更（照会先：雇用均等・児童家庭局総務課）

演習 1
- 秦野悦子・やまだようこ編『コミュニケーションという謎』ミネルヴァ書房、1998
- 鯨岡峻『子どもの心の育ちをエピソードで描く』ミネルヴァ書房、2013
- 無藤隆監修『幼稚園教育要領ハンドブック 2017 年告示版』学研、2017
- ジェームズ・J・ヘックマン『幼児教育の経済学』東洋経済新報社、2015
- 朝倉淳「主体的な学習」山﨑英則・片山宗二編『教育用語辞典』ミネルヴァ書房、2003

演習 2
- 厚生労働省雇用均等・児童家庭局『母子保健課　授乳・離乳食の支援ガイド』2007：44（https://www.mhlw.go.jp/shingi/2007/03/s0314-17.html）
- Roffwarg, H.P., Muzio, J. N., Dement, W.C., .1966 Ontogenic development of the human sleep-dream cycle. *Science* 152：604-19

・神山潤『子どもの睡眠　眠りは脳と心の栄養』芽ばえ社、2007
・春本常雄監修、大阪保育運動連絡会健康管理部会編集『睡眠中の保育を見直そう―SIDS・窒息死を防ぐために』大阪保育運動連絡会・大阪保育研究所、2013
・日本子ども学会編、菅原ますみ・松本聡子訳『保育の質と子どもの発達：アメリカ国立小児保健・人間発達研究所の長期追跡研究から』赤ちゃんとママ社、2009
・北村晋一『乳幼児の運動発達と支援　気になる動きと弱さへの指導―発達障害児も視野に』群青社、2013
・汐見稔幸・小西行郎・榊原洋一『乳児保育の基本』フレーベル館、2007
・遠藤俊彦『赤ちゃんの発達とアタッチメント』ひとなる書房、2017
・駒井美智子・関根久美・山本智子『乳児保育』大学図書出版、2018

演習3

・藤森平司『見守る保育②　0・1・2歳の保育―子ども同士の関係から育つ力』世界文化社、2012

索 引

あ行

愛着　52
愛着関係　16
愛着形成　16
アイデンティティ（自我）の形成　64
赤沢鐘美　12
アタッチメント　51
育児・介護休業法　25
育児休業制度　18
1号認定子ども　39
1.57ショック　14
衣服の着脱　92
生まれた時ほど強く　49
運動機能　43
嚥下反射　44
エンゼルプラン　14
OECD（経済協力開発機構）　49
おむつ　96
おんぶ　101

か行

概日リズム（サーカーディアン・リズム）　60
家庭的保育（保育ママ）　28
家庭的保育事業　36
感染症ガイドライン　109
客観　41
吸啜反射　44
協応化　45
鏡像認識　49,61
共同保育所　16
居宅訪問型保育　28
クラスだより　78
くるみん認定　28
月間指導計画　115
健康観察　107
原始反射　44
合計特殊出生率　14
個人面談　77
午睡　99
子育て援助活動事業（ファミリー・サポート・センター事業）　29
子育て支援　23
子ども・子育て関連3法　24
子ども・子育てビジョン　14
子ども・子育て支援新制度　10
子どもの権利条約　13,24
児童の権利に関する条約→子どもの権利条約
個別指導計画　115
子守学校　12
5領域　39

さ行

3項関係　53
3歳以上児　11
3歳児神話　15
3歳未満児　11,38
散歩　67
事業所内保育　28
自己肯定感　63
自己認識　47
自己評価　73
児童虐待　80
指導計画　72

139

児童の権利に関する条約　13
児童福祉法　13,24
児童福祉法第39条　13
主観　41
主体性　41,87
主体的　87
主体的・対話的で深い学び　88
小規模保育　28
小規模保育事業　37
情緒の安定　19,20,110
除去食　95
食事　92
食物アレルギー　95
自律授乳　56
視力　45
新エンゼルプラン　14
随意運動　44
睡眠　92
生活と遊び　40
清潔　92
生命の保持　19,20,106

た行

待機児童　27,31
抱っこ　101
地域型保育事業　27,36
地方裁量型認定こども園　33
長期的な計画　115
追視　45
トイレットトレーニング　98
同一視　62
東京女子師範学校附属幼稚園　12
同僚性　75
ドーナッツ論　51
特別に支援が必要な子ども　80

な行

慣らし保育　112

新潟静修学校　12
2項関係　53
日誌　79
乳児院　34
乳児玩具　130
認可外保育施設　14
認定こども園　32
野口幽香　12
ノンレム睡眠　99

は行

把握反射　44
排泄　92
配置基準　70
把持運動　44
ハンドリガード　44
非認知的能力　88
不随意運動　44
二葉幼稚園　12
ベビーシッター　28
保育教諭　27
保育参加　78
保育所運営要領　15
保育所型認定こども園　33
保育日誌　73

ま行

身近な人　50
身近なもの　50
3つの視点　49,64,89
無認可保育施設　13
沐浴　102
森島峰　12

や・ゆ・よ行

養護　19
養護及び教育　19

幼稚園型認定こども園　33
幼保連携型認定こども園　24,32

ら行

リーチング　45
離乳食　56
ルーティング反射　44
レム睡眠　99
連携・協働　75
連絡帳　73,76
渡辺嘉重　12

《執筆者紹介》　　　　　　　　　　　　　　　　　　　　　　　　　　　　　　　　（執筆順、敬称略）

細井　香（ほそい　かおり）	東京家政大学准教授	編者 第2章第1・2節 演習3第1・2節
野尻裕子（のじり　ゆうこ）	淑徳大学非常勤講師	第1章第1・3・4節 演習1
栗原泰子（くりはら　やすこ）	東京学芸大学非常勤講師	第1章第2節
溝口義朗（みぞぐち　よしあき）	ウッディキッズ園長	第3章第1・2・3・4・5節
安藤幸子（あんどう　さちこ）	淑徳大学短期大学部非常勤講師	第3章6節 第4章 演習3第3・4節
鳥海弘子（とりうみ　ひろこ）	秋草学園短期大学専任講師	演習2
山田修平（やまだ　しゅうへい）	淑徳大学短期大学部専任講師	資料：乳児玩具

《編者紹介》

細井　香（ほそい　かおり）

東京家政大学 子ども学部 子ども支援学科 准教授。
医学博士。日本アタッチメント育児協会理事。東京都家庭的保育者の会顧問。
専門科目：家庭支援論、乳児保育、子どもの保健
自らも保育士経験を持ち、その後、北里大学医学部で医学博士号を取得。
大学では、その経験と知識を活かし保育士、幼稚園教諭を目指す学生たちを指導する傍ら、地域のお母さんたちにベビーマッサージを通してアタッチメントの重要性を伝えている。
著書：『家庭教育と保育所』めいけい出版、『保育士・幼稚園の先生になるためのガイドブック』主婦の友社（監修）、『新版　保育士養成講座　第 7 巻　子どもの保健』社会福祉法人全国社会福祉協議会（共著）、『保育・教育ネオシリーズ子どもの保健』同文書院、『乳児保育演習ガイド』建帛社（共著）、『医療なくして子育てできず　地域医療と少子化対策』工房早山（共著）、『子どもの保健演習ガイド』建帛社（共著）、『心をからだを育む子どもの保健Ⅰ』保育出版社（共著）、『障がい児保育』光生館（共著）、『子どもの保健Ⅱ』保育出版社（共著）、『絵本から学ぶ子どもの文化』同文書院（共著）、『子ども学総論』日本小児医事出版社（共著）、『子どもの保健Ⅱ』一藝社（共著）　他

保育の未来をひらく 乳児保育

2019 年 5 月 30 日　初版第 1 刷発行

編　者　細井　香
発行者　木村慎也

印刷・製本／日本ハイコム

発行所　株式会社 北樹出版
http://www.hokuju.jp

〒 153-0061　東京都目黒区中目黒 1-2-6
TEL：03-3715-1525（代表）　FAX：03-5720-1488

ⓒ 2019, Printed in Japan

ISBN 978-4-7793-0604-4
（乱丁・落丁の場合はお取り替えします）